Mon Saint Patron.

LES GRANDES FIGURES DU MIDI

SAINT VINCENT DE PAUL

DANS LA MÊME COLLECTION

NOSTRADAMUS, *Philippe Guilhaume*
EDOUARD HERRIOT, *Jean Héritier*
CHAMPOLLION, *Philippe Guilhaume*
LA DAME D'AQUITAINE, *Jacques Chaban-Delmas*

A PARAÎTRE

JACQUES CŒUR, *François David*

PHILIPPE GUILHAUME

SAINT VINCENT DE PAUL

L'Ambassadeur des pauvres

RMC

EDITION

Couverture : Claude Caudron

« ... Nous ne tenons jamais au temps présent, si imprudents que nous errons dans les temps qui ne sont pas nôtres et ne pensons point au seul qui nous appartient... »

Blaise PASCAL (Pensées)

SOMMAIRE

Deuxième partie

Monsieur VINCENT

LA QUESTION PREALABLE

VEILLER A L'ORDRE OU S'ABANDONNER A LA CHARITE

L'attitude à l'égard de la pauvreté et des pauvres révèle toujours certains traits fondamentaux du caractère individuel et collectif. Dans leur comportement à ce sujet, l'individu et la société découvrent une partie de leurs certitudes, de leur subconscient et de leurs angoisses. De la pitié au dégoût, du mépris à l'envie, du sadomasochisme au millénarisme. Cela vaut particulièrement pour une société chrétienne, puisque le Christ a vécu parmi les pauvres, a célébré l'indigence et a exhorté ses disciples à l'aumône.

A la veille de la Fronde, la misère populaire semble atteindre en France un paroxysme. Des causes accidentelles et d'autres plus anciennes, qui concernent la structure même de la société de l'Ancien Régime, sont à l'origine de cette situation. En 1629-1630, en 1641-1642, en 1647-1648, puis encore en 1651-1652, les mauvaises récoltes donnent à la hausse des prix des subsistances un caractère exceptionnel. La disette sévit et amène son cortège habituel d'épidémies. La peste bubonique fait son apparition en 1630-1631 dans le Midi et en 1635-1636 elle se manifeste sur les confins de l'Artois et de la Picardie. L'activité manufacturière et le négoce souffrent de ces circonstances défavorables. Ils semblent même atteints d'une maladie de langueur. Partout où l'enquête statistique a pu être entreprise, elle révèle l'effondrement durable de la production et des échanges. Et malgré la fragilité d'une économie en perte de vitesse, frappée dans ses secteurs principaux par le retournement de la conjoncture séculaire et par la répétition de crises cycliques, la monarchie veut imposer un effort fiscal sans précédent : les besoins de sa diplomatie, puis la guerre, l'obligent à doubler ou tripler le poids des impôts.

Il y a à cette époque, comme à plusieurs reprises sous l'Ancien Régime, une contradiction entre les ambitions politiques et les ressources économiques qui suscite le mécontentement dans le royaume et multiplie les révoltes populaires.

En maintes régions, des bandes affamées parcourent les chemins et se pressent aux portes des villes; les malheurs des temps dispersent les familles, arrachent les paysans à la terre, chassent les artisans de leur village natal. Mais depuis longtemps déjà, une partie de la population paysanne ne trouvait plus à s'employer à la campagne. La croissance démographique, la hausse des fermages, l'activité des rassembleurs de terre avaient favorisé la constitution d'un salariat marginal et la multiplication des travailleurs occasionnels, candidats à l'indigence et à la mendicité. Réduites à merci par les dettes, les impôts, les exactions des chefs de guerre et les pillages, un certain nombre de paroisses et de familles abandonnent leur patrimoine.

Les vagabonds parcourent les provinces, mendient aux portes des monastères. Ils quémandent à l'intérieur des églises, importunent les bourgeois dans les rues, scandalisent ou émeuvent par leurs infirmités, leurs prières ou leurs injures. Comment distinguer dans leurs rangs les pensionnaires de la cour des miracles et le fermier ruiné par la taille [1], ou les soldats? Comment distinguer entre le mendiant professionnel et le tisserand sans travail, errant de ville en ville?

Spectacle obsédant, et cruelle incertitude pour le magistrat et le chrétien : faut-il veiller à l'ordre ou s'abandonner à la charité? Le paupérisme et la mendicité sollicitaient les forces retrouvées du catholicisme, en même temps qu'elles paraissaient défier la volonté organisatrice de l'Etat.

1. La taille était un impôt d'Ancien Régime, « réservé » aux roturiers sous deux formes : la taille personnelle – impôt très arbitraire puisque fondé sur la fortune présumée des personnes – et la taille réelle – impôt foncier sur les terres et les maisons.

Cependant, il apparaît que de 1620 à 1660, la réforme catholique inspira dans le Royaume de France un vaste effort d'assistance. Sous l'impulsion de saint Vincent de Paul et de la Compagnie du Saint-Sacrement, elle multiplia les fondations charitables et réussit un moment à émouvoir profondément l'opinion urbaine. Des écrivains, des peintres partagèrent cette émotion.

C'est aux *Evangiles*, et particulièrement au chapitre 25 de saint Matthieu, que l'on emprunte, au XVIIe siècle comme au Moyen Age, le programme, la signification et la justification de la charité militante : « J'ai eu faim et vous m'avez donné à manger, j'ai eu soif et vous m'avez donné à boire, j'étais étranger et vous m'avez recueilli, j'étais nu et vous m'avez vêtu, j'étais malade et vous m'avez visité, j'étais en prison et vous êtes venus vers moi ».

Ce texte superbe, repris et commenté par les ouvrages de piété et la prédication, éclaire, à la lettre, toutes les œuvres d'assistance. Il paraît être le canevas sur lequel s'organise l'activité des compagnies de charité : distribution de vivres, de vêtements, visites de malades et de prisonniers, créations hospitalières. Il inspire saint François de Sales et saint Vincent de Paul, qui le proposent à la méditation de leurs pénitents.

L'*Introduction à la vie dévote* en précise certains thèmes, à l'usage des gens du monde :

« Si vous aimez les pauvres, mettez-vous souvent parmi eux, prenez plaisir à les voir chez vous, à les visiter chez eux... rendez-vous leur servante, allez les servir dans leurs lits quand ils sont malades, je dis de vos propres mains, soyez leur cuisinière, et à vos propres dépens, soyez leur lingère et leur blanchisseuse... [1]. » Saint Vincent de Paul exalte aussi le service des pauvres : « ... Dieu aime les pauvres, il aime ceux qui les aiment... cherchons les plus pauvres et les plus abandonnés, reconnaissons devant Dieu que ce sont nos seigneurs et nos maîtres [2] ». Son œuvre et ses multiples entreprises caritatives se déploient bien dans les différents domaines proposés par le texte de saint Matthieu. On sent même frémir dans ses lettres et ses instructions familières – ses fameuses Relations – quelque chose de l'intransigeance franciscaine, et dans toutes ses fondations on retrouve les vertus du dénuement apostolique. Il a voulu pour ses collaborateurs les plus proches, les prêtres de la Mission, une pauvreté absolue [3].

1. Saint François de Sales, *Introduction à la vie dévote*, 3e partie, chapitre 15.
2. Saint Vincent de Paul, *Correspondance, entretiens, documents*, édit. Coste, 1924, T. XI, p. 392.
3. ibid, T. XIII, p. 716 : « Ainsi ressembleront-ils davantage au fils de Dieu, qui a tant aimé le mépris et la pauvreté ». Voir aussi : *Conférence du 14 novembre 1659, De la pauvreté*, T. XII, p. 377 sq. Un procès verbal du Conseil des filles de la Charité du 31 juillet 1659 rapporte : « ... toutes les voix s'accordèrent qu'il ne fallait pas souhaiter qu'il entrât de personne riche en la compagnie... le diable dit un jour à saint François, je renverserai ton ordre, je mettrai des hommes riches et savants parmi tes religieux, et par ce moyen je le ruinerai... ».

Méditer sur la vie de Jésus, s'identifier à lui dans son dénuement et son humilité, tel est l'autre motif essentiel de l'assistance chrétienne. Ici encore les saints du XVIIe siècle suivent la tradition évangélique : « Toutes les fois que vous avez fait ces choses à l'un des plus petits d'entre mes frères, c'est à moi que vous les avez faites[1]. » C'est même une idée banale que les peintres ont parfois exprimée naïvement, en plaçant, à demi caché au milieu des mendiants, le visage du Christ.

Partout en Europe occidentale, depuis le début du XVIe siècle, l'Etat et les municipalités se préoccupent alors du paupérisme. On institue des taxes d'assistance, on centralise les collectes, on organise des ateliers de charité et, en 1544, à Paris, on crée le grand Bureau des pauvres. Saint Vincent de Paul, au XVIIe siècle, développe et continue cette œuvre d'assistance en édifiant différentes Missions. Mais ces entreprises, nées sous le signe de la compassion chrétienne, parurent rejoindre le souci d'ordre social qui s'exprima par des opérations policières, lesquelles aboutirent à l'enfermement des pauvres et des mendiants. Très rapidement en effet, les magistrats, effrayés par l'errance des « gens sans aveu », envisagèrent l'internement des invalides, des « incorrigibles », puis celui de tous les nécessiteux, les hôpitaux généraux étant

1. Saint Matthieu, XXV, 40.

destinés à devenir de vastes ateliers quasi-monastiques, où certains subiraient la punition de leur paresse et les autres recevraient, avec les fruits de leur travail, les moyens du salut.

PREMIÈRE PARTIE

LE TEMPS DE LA MISÈRE

CHAPITRE 1

LE MAUVAIS AIR DU TEMPS

« Un soldat impie va posséder ces guérets, un barbare ces moissons! Voilà pour qui nous avons ensemencé nos campagnes! Greffe donc maintenant tes fruits, aligne des plants de vignes, malheureux Mélibée... et jamais, même après un long temps, même après plusieurs moissons, tu ne reverras, tu ne contempleras le toit rustique de ta pauvre cabane, ton petit royaume, tes chèvres, troupeau jadis heureux! »

Virgile
(Première églogue)

Aux yeux de l'observateur superficiel, le règne de Henri II, qui pourtant marqua un premier coup d'arrêt de la « croissance » du « beau seizième siècle », semble coïncider avec un remarquable apogée dans tous les domaines. Si l'on accepte de considérer comme négligeables les multiples incursions des armées impériales en Provence ou en Picardie, il apparaît que les provinces de France ont été épargnées depuis plus d'un siècle par les malheurs de la guerre. Partout des champs cultivés, des labours féconds, des vignes en plein rendement. Les courbes du produit décimal, qui reflètent avec quelques nuances le mouvement de la production réelle des grains, sont triomphantes. Sur des fermiers qui bénéficient à la fois de l'augmentation de la production et de la hausse des prix, les maîtres du sol peuvent prélever une rente – en argent ou en nature – bien plus élevée qu'au début du siècle, sans provoquer pour autant de faillites.

Dans les villages, la population croît et multiplie. Autour de Paris, les chiffres démographiques du milieu du XVIe siècle sont de 15 à 20 % supérieurs à ceux que révèleront les dénombrements du début du XVIIIe siècle. Dans la région de Toulouse, la population était, en 1536, plus nombreuse qu'elle ne le fut pendant tout le XVIIe siècle. Partout, les vieux centres de peuplement s'étoffent, des hameaux se créent, des maisons neuves se construisent. Partout, des églises neuves, ou transformées au goût du jour, attestent une réelle prospérité. L'analyse sociale, qui dévoile une hiérarchie, montre également un certain équilibre entre les groupes et les vacations ainsi que la réelle possibilité pour les humbles, à la faveur de la conjoncture, de monter quelques échelons de la fortune. Sans vouloir idéaliser le tableau ni en dissimuler les ombres, on peut penser que la croissance du premier XVIe siècle a eu des retombées favorables pour la plus grande partie des populations du royaume.

A. *La lente dégradation des équilibres*

Et pourtant, l'historien qui se place dans la « longue durée » et considère les réalités profondes doit constater la détérioration souterraine de tous ces équilibres apparents. Depuis les années 1530, l'horizon, plus ou moins rapidement, ne cesse de s'assombrir.

Le fait est, hélas, coutumier; la croissance qui ne se nourrit que d'elle-même trouve toujours en elle-même ses limites. La production, bloquée par la stagnation des techniques et la médiocrité des résultats, s'essouffle à rattraper la rapide progression de la population. Entre le nombre de bouches à nourrir et les possibilités de la céréaliculture, l'écart grandit : les « ciseaux » s'ouvrent. Entre le nombre de nouveaux foyers à établir et la terre disponible, la distorsion apparaît. Les défrichements sont limités et touchent rapidement des terres médiocres. La relative surcharge démographique, jointe à la succession rapide des générations, en un temps où l'espérance de vie reste mince, provoque partout le morcellement progressif des tenures familiales, soit que la coutume entraîne le partage égalitaire entre les héritiers, soit que la nécessité de créer de nouvelles exploitations aboutisse à la division du patrimoine, malgré l'avantage consenti à l'un des enfants. Le coup de projecteur donné sur l'ensemble de la France est éloquent et unanime : l'appauvrissement des familles paysannes entre 1500 et 1550 est progressif. Les quatre cinquièmes des habitants des campagnes ne détiennent pas assez de terres pour assurer le pain quotidien de leur famille.

La vieille compagne des sociétés anciennes reparaît alors : la disette, la faim. Une première alerte vers 1525-1535, une nouvelle vers 1545. Le temps des difficultés s'annonce.

Cela est d'autant plus vrai qu'au même moment les exigences fiscales de la monarchie s'accroissent. L'impôt, direct ou indirect, pèse plus lourdement, ainsi que la rente du sol, payée par l'exploitant au propriétaire.

Les équilibres apparents du temps d'Henri II ne doivent donc pas masquer ces ombres. Les éléments d'une crise profonde sont rassemblés. Les structures même du monde paysan sont fragiles et d'autant plus sensibles aux accidents de conjoncture. La multiplication de ceux-ci à la fin du XVIe siècle, et pendant le siècle suivant, révèlera la réalité économique et sociale.

La lente dégradation qui marque l'économie paysanne entre 1560 et 1700 trouve son origine dans les éléments d'une évolution continûment défavorable.

Outre une mauvaise conjoncture économique – la hausse des prix, amorcée vers 1520 et accentuée par les manipulations monétaires et les mauvaises récoltes, constitue un fait majeur du XVIe siècle –, il y a surtout les effets de la conjoncture naturelle. On le sait, la vie rurale est étroitement liée aux caprices des saisons. C'est vrai aujourd'hui, ce l'était encore plus jadis, quand les artifices de la technique ne contribuaient pas à masquer les conséquences désastreuses d'une trop grande sécheresse, d'une gelée printanière ou d'une longue période de pluies.

Le climat de l'Europe, certes, n'a guère changé depuis la dernière glaciation, mais il semble bien osciller, à long terme, entre des limites assez souples, tantôt plus chaud et plus sec, tantôt plus froid et plus humide... Tous les témoignages concordent pour permettre de diagnostiquer, après une période de réchauffement à la fin du Moyen Age, un temps de léger et durable refroidissement. C'est le « petit âge glaciaire », que les historiens du climat font débuter vers 1580 et durer jusqu'au milieu du XIXe siècle, et dont les conséquences seront dramatiques. Des hivers très rudes entraîneront, en effet, selon leur gravité, le gel des blés d'automne, celui des plants d'oliviers, des ceps, des noyers. Lorsque ce malheur arrivera, la moisson de l'année sera compromise, les « bleds » manqueront et les céréales de printemps ne pourront pas compenser le déficit.

Le principal sinistre est pourtant autre. Il réside dans la fraîcheur des printemps tardifs, dans la multiplication des étés humides, pendant lesquels le soleil est rare et la pluie presque continuelle. La vigne « coule » alors, ou gèle, les raisins ne peuvent mûrir et ne donnent qu'un vin rare et aigre. Les grains sont atteints par les moisissures et noircissent avant leur maturité. La moisson se fait tardivement, sous la pluie, et se trouve en partie perdue.

La longue période qui débute dans le troisième quart du XVIe siècle sera ainsi celle des

« vaches maigres ». Le processus n'a rien de continu ni de régulier. Il se fait plutôt par l'alternance de saisons « pourries » et de rémissions heureuses. Les pires récoltes eurent lieu pendant des années situées entre 1580 et 1610, entre 1640 et 1665, entre 1690 et 1710.

Les paysans de l'époque sont bien évidemment plus sensibles aux réalités immédiates. Par de multiples canaux d'information, comme les passages des colporteurs, vendant quelques opuscules avec un peu de mercerie, les contemporains n'ignorent presque rien des progrès des idées réformées et des désastres des guerres de Religion. Ils vivent intensément, et généralement douloureusement, les soubresauts de la politique intérieure. La longue suite d'expéditions guerrières, de sièges et de chevauchées, coupées de trêves nées elles-mêmes de compromis politiques aussi rapidement contestés, violés et reniés qu'ils avaient été difficilement élaborés, ces décennies de désordre profond à tous les échelons de la vie du royaume et pour tous les groupes de la société, furent la cause d'une accumulation de ruines et de souffrances dans la plupart des provinces, plus ou moins durablement touchées par le conflit.

A bien des égards, la première moitié du XVIIe siècle[1] va rappeler les horreurs de la fin

1. 1618-1648 : Guerre étrangère (Guerre de Trente Ans) et guerres civiles.

du XVIe siècle : siècle de guerres, de ruines, de morts, de crimes. Le siècle du connétable de Bourbon et de ses bandes à Rome, de Christian II, le Néron du Nord; le siècle du duc d'Albe en Belgique et de son tribunal de sang; le siècle de Montluc et du baron des Adrets, le siècle des massacres de Cabrières, de Mérindol et de la Saint-Barthélémy. Un siècle de misère et de famine pendant lequel on vit même, comme pendant le siège de Jérusalem, des mères dévorer leurs enfants; un siècle de fer et de feu, où le sang coulait comme de l'eau, un siècle qui inspira à Jacques Callot ses éternels cauchemars de *Supplice*, de la *Guerre* et des *Bohémiens*.

Le prix sera lourd à payer et aggravera les facteurs de crise. A court terme, ce fut une somme de souffrances et de destructions, de gaspillages et d'exigences. A moyen terme, une progressive désorganisation de la vie économique des campagnes, de la production et des échanges. Et par voie de conséquence, la dégradation de la condition paysanne. En ce sens, les guerres agirent comme un révélateur.

***

Les témoignages sur les méfaits causés par le passage et le logement des hommes de troupes sont innombrables au long des siècles de l'Ancien Régime. Les villageois durent loger et nourrir les milliers de soldats qui se disputaient la France. Dans un univers où la subsistance quotidienne n'était jamais qu'imparfaitement assurée et où chaque région vivait sur elle-même, les effectifs des armées en campagne représentaient un surplus de consommation sensible. Surtout, mal payés alors qu'ils exerçaient la guerre comme un métier profitable, parfois animés par la passion religieuse, toujours peu encadrés et rarement commandés hors des moments de bataille, les mercenaires marquaient leurs passages d'une multitude de destructions. Manquant de pain et de fourrage, ils n'hésitaient pas à sacrifier les récoltes futures, faisant paître leurs montures dans les jeunes vignes ou sur les blés en pousse, fauchant à leur profit les épis à peine mûrs. Ils réquisitionnaient les bœufs et les chevaux comme animaux de selles, de trait, ou de ravitaillement; ils rançonnaient les villages, prétextant leur appartenance supposée à l'autre camp. Certaines communautés préféraient offrir d'elles-mêmes une somme d'argent pour éviter le cantonnement des troupes, d'autres engageaient des dépenses considérables pour se fortifier et décourager les assaillants. Des paysans choisissaient la fuite et abandonnaient leurs maisons et leurs champs pour se réfugier derrière les murs d'une ville ou dans les profondeurs des bois.

La religion n'était d'aucun secours. L'Eglise était alors incapable d'apaiser les peurs, sa puissance temporelle étant affaiblie. La religiosité des masses était anémiée, et le clergé hésitant, en plein flou théologique avec sa formation incertaine, paraissait s'être résigné à l'ignorance populaire : ignorance des dogmes, ignorance de la liturgie à laquelle on continue de participer rituellement sans plus comprendre le sens des sacrements ou même de la messe. Les raisons de cette crise du catholicisme sont multiples : schismes de l'Eglise, perte de crédit du bas clergé, malgré une profonde vénération pour leur fonction sacrée et la sainteté de leur sacerdoce, perte d'autorité des hauts dignitaires ecclésiastiques, coupés de leurs clercs et de leurs ouailles.

La pauvreté spirituelle du clergé, rural notamment, défie toute description : pénurie de séminaires, donc absence de « formation professionnelle » et plus encore de « formation spirituelle ». Le plus souvent – cela sera le cas de Vincent de Paul – le futur prêtre, fils de laboureur ou d'artisan, était remarqué par son curé ou par quelque chapelain. Enfant de chœur, il se familiarisait avec une liturgie apprise mécaniquement plutôt que comprise. Un peu de latin, un peu de doctrine, puis on le présentait à l'évêque qui l'ordonnait en lui faisant subir un bref examen. Il restait alors au nouveau prêtre à obtenir, souvent par intrigue, un bénéfice assurant, comme le souhaita le jeune Vincent avant d'être touché par la grâce, une « honnête retirade ». L'Eglise semblait permettre l'accès à une situation honorable dont paraissaient souvent exclus le souci pastoral ou les préoccupations spirituelles.

B. « *L'inconduite* » *des peuples*

Quelques documents illustrent convenablement la monotonie lugubre des récits. Le plus connu, sous le nom de *Manuscrit de Marle* (dans l'Aisne), émane d'un notaire de la ville qui commença vers 1635 (en temps de guerres) à tenir un journal des événements, qu'il continua, mois après mois, jusque vers la fin de 1654.

Chez le notaire Nicolas Lehault (décédé en 1661), tout paraît se résumer d'ordinaire à une évaluation d'argent. Les faits de guerre les plus violents l'émeuvent à peine; il note avec précision les frais de maladie, les honoraires des médecins. Parfois, il lui arrive de préciser le nombre des victimes comme un détail surajouté, un peu superflu, qu'il indique « pour tout dire ». Aucune émotion dans ses récits, comme si l'excès des malheurs l'avait finalement rendu insensible :

> « 1636. Après la prise de Vervins », – ce temple sacré de la paix entre la France et l'Espagne – contre laquelle les Espagnols semblent s'être acharnés comme un témoin éternel de leur humiliation, « l'armée ennemie alla à la Grande-Cailleuse, où elle

demeura une nuit, pendant quoi le château de Mortfontaine fut pris et pillé, où il fut fait grand butin en grains, chevaux et autres bestiaux; filles et femmes violées, et plus de quinze, tant hommes que femmes et filles, tués, et grand nombre blessés. Les coureurs des ennemis venaient jusqu'à cinq ou six cents aux portes de Marle. Les filles et femmes sortirent de la ville, emmenèrent les meubles et grains, et demeurèrent hors trois mois. La dépense de leur sortie, du charroi et emport des meubles fut estimée à 20 000 livres. Le 20 juillet, la compagnie de cavalerie de Senneterre vint à Marle, où elle demeura dix jours à vivre à discrétion. La dépense estimée à 20 000 livres. »

Les incendies jouent un grand rôle dans les calamités de cette époque. « C'est un des passe-temps du soldat », souligne le notaire :

« Au mois d'août la peste prit à Marle et continua jusqu'au mois de décembre. Il y mourut plus de quatre cent personnes. La dépense a été estimée à 8 000 livres.

« Le 5 novembre, un incendie brûle à Marle, dans le grand faubourg, quatre-vingt maisons, les granges et les étables avec tous les meubles, grains et autres choses qui y étaient. La perte fut estimée à plus de 200 000 livres... Le même jour, cantonnement d'une compagnie de chevaux-légers qui y ont demeuré jusqu'au 12 juin 1637, et leur a été fourni par les habitants pendant les 21 premiers jours pour leur subsistance, 652 livres 10 sous par chacun jour, et depuis le 27 novembre jusqu'au 12 juin, 750 livres. Ce qui fait que toute la dépense de la garnison s'élève à 39 815 livres, outre les frais de voyage qui ont été faits pour notre soulagement, qui ont coûté plus de 800 livres. Outre quoi en ladite année 1636 la ville a été taxée pour l'emprunt et subsistances à 4 000 livres. Total pour l'année 1636, 274 615 livres 10 sous. »

Ce constat – parmi beaucoup d'autres – est formel : les soldats vivent aux dépens des populations : ils violentaient les femmes, brutalisaient les enfants, extorquaient aux habitants par divers procédés l'aveu de la cache de leur argent, ligotant les hommes, leur arrachant la barbe, les poussant dans le feu de la cheminée, les attachant à une poutre pour les battre. Ils saccageaient les maisons où ils ne trouvaient pas assez d'argent, éventraient les barriques, estropiaient les animaux domestiques, massacraient les volailles. En quittant un logement, ils emmenaient meubles et vêtements, vaisselle et couvertures. Les officiers ne faisaient rien pour arrêter ces pillages qui constituaient le meilleur appât pour le recrutement.

Mêmes violences ailleurs; les lieux se ressemblent en identiques misères. Le désespoir est général. Toutes les relations du temps sont unanimes, qui font aujourd'hui frissonner d'horreur : pillages, incendies, violences de toute espèce, pestes de diverses natures... Les habitants des régions de Guise, Bapaume, Saint-Quentin doivent se réfugier dans les bois, s'armer de fourches et de faux, constituer des « maquis », quand les mercenaires de Rosen, soldés par Mazarin, sont envoyés contre les Espagnols après 1648.

Région frontalière, la Lorraine fut particulièrement éprouvée, comme l'Artois, ou le Comté de Bourgogne : tout ce qui valait la peine d'être pillé le fut, comme prises de guerre. Le sort malheureux de Saint Nicolas est l'éponyme de cette misère : Saint Nicolas était une petite ville de 10 000 âmes que ses foires franches, son commerce de bijouterie, et surtout de fréquents pélerinages avaient considérablement enrichi : tous les différents corps d'armée la visitèrent successivement, et bientôt les pillages, les meurtres, les incendies, la réduisirent à quelques centaines d'habitants ruinés. On put connaître que :

> « Les pauvres gens meurent de faim; l'on vend la livre de pain plus d'un franc. On les voit manger du chenevé (chanvre) pur tout à fait... Certains villages étaient tellement déserts que les loups faisaient leurs retraites dans les maisons... Bientôt habitués à la nourriture des cadavres, ils pénétraient dans les maisons habitées, où ils ravissaient et dévoraient principalement les femmes

et les enfants... Les glands et les racines devinrent la nourriture ordinaire... Il y en avait qui allaient à la chasse des hommes comme on va à la chasse aux lièvres... Plusieurs sont morts de malefaim... les charognes et les bêtes mortes sont recueillies des pauvres gens comme de bonnes viandes. »

A la suite de toutes ces misères, la plupart des villages ne comptaient plus que deux à quinze ménages; plus de quatre-vingt étaient abandonnés et ont fini par disparaître...

Dans plusieurs lieux, les religieuses cloîtrées manquèrent de mourir d'inanition, et la cloche destinée à révéler au public le péril de la communauté ne cessa de tinter pendant des mois entiers.

Les registres des receveurs depuis 1633 sont remplis de mentions desquelles il résulte que la dépopulation allait toujours croissant. Le prix du blé ne diminuait pas à cause de l'impossibilité d'ensemencer les terres ou de rentrer les récoltes, et quoique la peste eût disparue, la mortalité était aussi grande...

Les usines se ferment l'une après l'autre; des industries autrefois florissantes furent entièrement perdues pour la Lorraine. Les verreries des environs de Damey disparurent ainsi.

Les familles nobles étaient aussi tombées dans l'indigence; il en était de même des ecclésiastiques, dont beaucoup, n'ayant d'autre revenu que leurs dîmes, furent fréquemment exposés au danger de mourir de faim; on fut contraint de vendre les vases sacrés, et le roi fit distribuer aux moines et aux religieuses des rations de pain semblables à celles que l'on donnait aux soldats; on comprendra cette extrême misère par ces lignes empruntées aux journaux de Dom Bidot et de Conrard : « En 1642, la famine a été si extraordinaire que d'âge d'homme on n'a vu le grain si cher [1]. »

Une lettre de Louis XIII au gouverneur d'Arras, en 1640, explique mieux que tous les commentaires les actes de violence, de rapine, de pillage, commis par les troupes françaises et leurs chefs dans les lieux où sévissait la guerre : « Brave et généreux Saint-Prieul, vivez d'industrie, plumez la poule sans la faire crier; faites comme les autres dans leur gouvernement, vous avez tout pouvoir dans notre empire, tout vous est permis. »

***

Tous ces fléaux signifiaient des labours insuffisants, des semailles tardives, des vignes mal

1. Auguste Digot, *Histoire de Lorraine*. T. V. Consulter aussi H. Lepage, *Dépopulation de la Lorraine au XVIIe siècle*, et d'Haussonville, *Histoire de la réunion de la Lorraine à la France*, T. II.

soignées, durables négligences réduisant, lentement mais sûrement, les forces productives du monde rural.

Les belles décennies du début du XVIIe siècle ne modifièrent guère cette dynamique. La période de « récupération » qui, de 1590 à 1610, permit la remise en ordre des institutions et de la production grâce à la paix intérieure et extérieure, ne fit pas cesser le lent processus de dégradation. Elle le ralentit tout au plus. Le vœu du roi gascon, « la poule au pot le dimanche » ne se réalisa pas tout à fait : l'endettement et l'expropriation se poursuivirent, la place des ruraux dans l'ordre social continua à décroître et l'aliénation économique et sociale à s'aggraver.

Ensuite, la régence de Marie de Médicis, après l'assassinat d'Henri IV, ouvrit un temps de nouveaux désordres du fait de la longue rivalité des favoris (Concini, Baradas, de Luynes...). Tous les maux se déchaînèrent une fois de plus sur les provinces isolées. Les impôts et la guerre créèrent des drames, même si l'administration ferme et impitoyable de Richelieu tenta d'arrêter la progression de cette féodalité renaissante.

Les communautés villageoises furent à nouveaux sollicitées, massivement, pour le service du roi. Exigence proche et pressante. A ses bons et fidèles sujets, le souverain demandait d'abord des hommes. Chaque village du champ d'opération devait fournir des « pionniers », utilisés essentiellement comme main-d'œuvre, en particulier lors des sièges de places fortes, et assurer la levée, le vêtement et l'équipement, de quelques soldats. La première levée en masse eut lieu en 1636, après la prise de Corbie, au moment où les armées espagnoles menaçaient de déferler sur la capitale, mais le procédé se banalisa lorsque le gouvernement de Louis XIV fut incapable de faire face aux frais occasionnés par l'emploi de mercenaires volontaires. Chaque paroisse d'une certaine importance dut alors fournir un milicien, tiré au sort parmi les jeunes gens.

Mais ce que le roi demandait avant tout aux gens du plat pays, c'était de l'argent... Beaucoup d'argent.

Réalité quotidienne du temps, la charge fiscale allait sans cesse croissant; impôts indirects et tailles progressaient ensemble, épuisant les bas de laine rapiécés des paysans : pour résumer, ils pouvaient encore payer une « taille » vers 1615, ils empruntaient vers 1625, ils aliénaient le patrimoine après 1630.

Dresser la liste de toutes les impositions revient à préciser la source des douleurs et de la misère. Il y avait *le droit de prise*, par lequel le roi dans tout le royaume, et les seigneurs dans le ressort de leur suzeraineté, pouvaient prendre pour eux-mêmes, leurs familles, leurs grands officiers, tout ce dont ils avaient besoin, même le logement, droit de réquisition constant et en pleine paix; *le cens*, redevance foncière, annuelle, perpétuelle et non rachetable, qui se payait en argent ou en nature, devait toujours être acquittée sans aucune réduction, même lorsque la récolte avait manqué, et dont les arrérages étaient exigibles pendant vingt-neuf ans; *le champart* (la part du champ), droit prélevé sur toute terre labourable, avant que le cultivateur ait rien pu enlever de ses produits, et qui variait du vingtième au quart des fruits du sol; *les lods*, droit de mutation qui s'élevait du douzième au sixième de la valeur; *la taille seigneuriale; le brennage*, impôt en grains pour les meutes seigneuriales; *les corvées seigneuriales*... Le tout accompagné de franchises, exemptions, privilèges attachés à des fonctions, à des individus, à des corporations, et qui rendaient le fardeau plus sensible et plus onéreux à ceux sur qui retombait la charge tout entière: vaste labyrinthe où la fraude, l'injustice, la violence, s'étaient assurées des positions presque inattaquables.

Le clergé, comme propriétaire foncier, avait droit aux mêmes avantages, et de plus percevait un droit spécial ou dîme, qui constituait le budget ecclésiastique. Cette redevance, qui se levait également sur les terres nobles et sur les terres roturières, était surtout un grand obstacle à l'agriculture parce que les receveurs des dîmes, craignant de perdre leurs revenus habituels ou de les voir s'amoindrir, s'opposaient à toute innovation.

Les impôts royaux n'étaient ni moins nombreux ni moins accablants. Outre la taille, si lourde en elle-même et rendue encore plus oppressive par la manière dont on la recouvrait, il y avait le droit de renouvellement sur les baux et la réglementation de la durée de ces baux dont les plus longs dépassaient rarement neuf années, rendant impossible toute amélioration faite en vue de l'avenir.

Cette manie de réglementer constitua l'un des principaux obstacles à tout progrès. Même la dénonciation attentive des mille et une réglementations contemporaines ne peut permettre d'imaginer les entraves qu'apportaient les règles d'alors : fixation du nombre des heures de travail dans l'agriculture, où le succès est subordonné aux variations des précipitations et des températures et, par là-même, à l'exécution rapide des travaux; modes de culture imposés dans chaque province, assolements et nombre de labours fixés par arrêts; défense de se servir de tel ou tel instrument, comme la bêche, la houe, la faux, si ce n'est dans certaines conditions; défense aux propriétaires de chevaux entiers de faire saillir leurs juments sans une autorisation spéciale; défense de se servir du gruau dans la fabrication du pain... [1].

Cette réglementation excessive entravait toutes les opérations commerciales, et surtout celles du commerce du grain. Dans le but d'empêcher les cultivateurs et les marchands d'accaparer des denrées, et pour les contraindre à vendre toujours au plus bas prix possible, on interdit les réserves et l'on découragea l'agriculture en lui ôtant la possibilité d'être rémunératrice : achats limités, visites domiciliaires qui amenaient souvent les laboureurs à détruire eux-mêmes leurs provisions par crainte des peines portées contre les accapareurs; défense des achats en gros et du regrat, défense de vendre ou d'acheter ailleurs qu'au marché, mesure qui permettait à l'administration d'établir des taxes sur les aliments, et assurait d'importantes redevances à tous ces officiers pourvus, sous les titres de maître juré ou contrôleur, des charges exagérées qu'inventait la fiscalité; aux abois enfin, et surtout, lois restrictives sur l'exportation et la circulation intérieure par les douanes de province à province, les péages de toute nature sur les routes, les rivières, et à l'entrée des villes (le

1. Le gruau est une nourriture que l'autorité veut réserver aux porcs, ainsi que l'atteste une ordonnance de Louis XIV, en 1658. Il fallut toutes les épouvantables famines du commencement du XVIIIe siècle (1700-1709) pour qu'en 1740 une autre ordonnance, non moins sévère que celle de 1658, rendît obligatoire l'usage du gruau.

long de la Loire, par exemple, il y avait 28 sortes de péages ou droits).

Et pourtant les marchandises ne jouissaient d'aucune sécurité. Nulle force publique n'était établie pour la surveillance des routes et des chemins, qui étaient, d'ailleurs, dans le plus triste état, et toujours en nombre insuffisant.

La boulangerie et la meunerie n'étaient pas plus libres que le commerce des grains. Les entraves auxquelles elles étaient soumises avaient pour conséquence de produire la cherté, même lorsque les grains étaient assez abondants...

La consommation des céréales était d'autant plus grande à cette époque qu'elles formaient presque l'unique base de l'alimentation, la viande n'entrant que pour un faible appoint dans la nourriture. Les bœufs, avant tout instruments d'énergie tractée pour le labourage, n'étaient que rarement engraissés pour la boucherie, quoique les pâturages abondants par le malheur et l'ignorance des temps eussent pu permettre d'élever un bétail nombreux comme ressource pour les jours mauvais. Là encore, intervenaient les nombreux droits prélevés par la féodalité ou le fisc royal : droits de pâturage, droit pour la poussière soulevée par les troupeaux, l'agnelage, le brebiage, le vif herbage, le charnage, ou revendication de quelque partie de l'animal.

Dans certaines villes, à Dreux, par exemple, il fallait payer pour avoir du lard en saloir après la Saint-Martin. Lorsqu'à ces droits perçus on ajoute les minutieux statuts de la corporation des bouchers, on finit par comprendre qu'ait été négligeable la consommation de viande qui, selon des calculs, s'élevait vers la fin du XVIIe siècle à moins d'une livre par habitant et par mois. En outre, la multiplicité des jours maigres apportait un grand obstacle au commerce de la boucherie et, par conséquent, à la production du bétail, puisqu'il y avait suspension absolue de commerce pendant près de la moitié de l'année (plus de 160 jours par an). On sait que jusqu'en 1774, pendant le carême, seuls les hôpitaux avaient la permission de vendre de la viande sur prescription de médecin, moyennant des droits assez élevés.

Quant à la volaille, aux lapins, aux venaisons de toutes espèces, ils étaient un privilège des classes nobles qui s'étaient réservées les droits de garenne et de colombier. Le poisson n'avait pas grande importance dans l'alimentation. La pêche maritime ne fut longtemps qu'une petite pêche côtière. En 1669, la France n'avait pas 600 navires pour la grande pêche, lorsque les Hollandais en avaient 16 000, comme le prouve une dépêche de M. de Pomponne, ambassadeur en Hollande. Le mauvais état des routes et le manque de communications rapides entre les diverses provinces rendaient le transport du poisson frais presque impossible à une certaine distance, ou alors dans des conditions d'une extrême cherté, malgré l'abondance de poisson entretenue par une législation étonnante de sagesse et de discernement en vue de favoriser l'observation du maigre pour le peuple et les nombreux ordres religieux.

Mais les monopoles du droit de pêche, les statuts des corporations de pêcheurs, les nombreux procès relatifs à l'exploitation des cours d'eau, les redevances féodales ou monastiques, les impôts dont le poisson était frappé par les villes et par les rois, et enfin les redoutables redevances de la gabelle, si funeste à l'industrie du maquereau et du hareng salé, neutralisaient pour la population les bons effets des lois de conservation du poisson. Là comme toujours, les exigences du fisc entravaient la consommation et tuaient la production. Dans l'eau comme sur terre, les ressources qu'offre la nature étaient anéanties par les vices de l'organisation.

Pourtant les ressources suffisaient petitement aux dépenses ordinaires. Dès que survenaient une dépense extraordinaire, il fallait encore lever « la somme sur les habitants au prorata de la taille » ou emprunter. Toute l'histoire de la communauté française entre 1560 et 1700 montre qu'il n'en fut généralement pas ainsi. Restaient alors l'endettement et ses conséquences.

C. *L'effritement de la conscience de l'intérêt collectif*

A l'image du monde paysan, le village français a subi les effets de la longue crise. Pour lui aussi, les guerres, l'inflation, la fiscalité, conjuguant leurs poids et cumulant les arrérages, firent venir le temps de l'aliénation.

La terre communale fut massivement morcelée et vendue. Les clients ne manquaient pas, désireux de placer leurs écus, car les prix offerts étaient tentants.

Affaiblie dans son patrimoine, la communauté voyait aussi se perdre les droits d'usage, contestés par les seigneurs et les gros propriétaires. Il aurait fallu plaider, mais cela coûtait cher. Combien, à travers le royaume, d'abandons semblables à celui que font les manants de Saulx-les-Chartreux à leur seigneur de « tout tel droict d'usaige, propriété, noms, raisons et actions qu'ils peuvent et pourroient prétendre et demander » sur les rochers et bruyères dominant le village où ils pouvaient envoyer leur bétail.

Les paysans sont conscients de cette aliénation, comme en témoignent les cahiers de doléances rédigés en 1614 pour la dernière session des états généraux de l'Ancien Régime. D'une paroisse à l'autre, les mêmes responsables de la misère générale sont accusés.

Voici les accidents climatiques : « Et sy en la présente année à cause du grand hyver qui a heu cours, les grands bledz ensemancés en leurs héritages ont estez gellez, pourris et gatez », les gelées qui gâtent les vignes. Voici les excès des gentilhommes : « Ils gastent et endommagent, tant par le moyen de leurs chasses, courses, que autrement pour les emblures (pour emblavures), tant des vignes, bledz que autres; contraignent et forcent leurs subiectz et justiciables à leur obeyr, cedder et quitter leurs droictz, leur font passer contractz et telles autres submissions que bon leur semble. » Voici, universellement dénoncés, les excès des gens de guerre. C'est l'obligation du logement, « d'autant que la plupart d'iceulx gendarmes logeoyent comme il leur plaisoit et les contraignoyent de leur donner de l'argent et les pilloyent et ransonnoient », ce sont les violences de ces soldats qui « usent de toutes autres sortes de cruaultez qu'un ennemy pourroyt faire, encore qu'ilez soyent stipendiez et souldoyez ». C'est encore, elle aussi universellement dénoncée, la trop lourde fiscalité et son inégale répartition. Excès des tailles, trop grand nombre des exempts, décharge des villes au détriment du plat pays, poids énorme de la gabelle, droit sur les vins, tout y passe.

La prise de conscience des paysans va surtout plus haut. Au vrai, les droits seigneuriaux et la dîme sont acceptés parce qu'ils faisaient depuis toujours partie de l'univers paysan. On refusait les changements, on défendait la coutume, mais la force de l'habitude jouait. Les paysans se prononcent bien plutôt contre les « nouvelletés ». Ils dénoncent la médiocrité de l'exploitation familiale et la lente expropriation dont ils sont victimes. On souligne le nombre des manœuvriers et vignerons, le petit nombre de laboureurs, l'étendue des terroirs possédés par les horsains. La condamnation des usurpations faites à l'encontre des droits d'usage et des communaux est tout aussi nette.

Au-delà des révoltes individuelles, faites de protestations souvent stériles et de fraudes généralement vaines, la résistance antifiscale devint violence collective. De l'« émotion » à la « rébellion », de la « sédition » à la « révolte », la gamme est étendue. En Normandie, ce sont les va-nu-pieds. En Guyenne, les croquants. D'autres luttes moins connues ont lieu dans tout le reste du royaume, en Dauphiné, en Bourbonnais... Les agents de la loi n'osent se risquer, pour exercer leur ministère, dans les contrées que l'ennemi a envahies. Les paysans les chassent à main armée. Partout dans leurs lettres, les intendants expriment les mêmes frayeurs. Leur correspondance avec le chancelier Séguier le montre presque à chaque page :

> « De Muret, 10 février 1643 – Une sédition pour les tailles est arrivée à Villefranche-en-Rouergue. Je n'ose quitter l'élection de

> Comminges, de peur que, le dos tourné, les cinq élections de Gascogne qui sont les plus séditieuses et qui obéissent et payent le moins en fassent de même... »

Et involontairement, le malheureux intendant apporte l'excuse de cette inconduite des peuples :

> « Je ne vois dans cette province que désordres et manquements de toutes parts, et à peine trouvai-je un officier qui fasse bien sa charge, ni un commis qui n'abuse de ses fonctions.
>
> « 12 février 1643 – A Saumur on a voulu chasser les commis des taxcs; tout est calme présentement, et cela n'a servi qu'à mieux faire payer les droits.
>
> « 2 mars – Tous les jours on craint la rébellion à Bordeaux, à Blaye... Le seul mot sol pour livre met les peuples en fureur, et je ne sache point de remède pour empêcher le mal que l'extinction du droit... Cette année, la seule élection de Bordeaux porte plus, je dis plus d'un million de livres de toutes tailles, et le droit du sol pour livre se prenant sur toutes menues denrées, afflige par son poids tout ce qu'il y a de monde...
>
> « Dans l'élection de Brioude, pour les tirer de misère, il faudrait outre les années 1638 et 1639, leur faire remise de 1640 et 1641

au moins; sans cela ils restent chargés de quatre années (1640-1643) et en voici une cinquième qui en va accroître le faix (1644), de sorte que ne pouvant en aucune sorte y satisfaire, ils ne peuvent revenir du désordre où ils sont, et l'avenir en augmentera toujours le mal; si on nous eût permis d'accorder aux plus ruinés ou décharge ou surséance de 1640 et 1641, ils seraient rétablis, et en acquittant ces deux années (1642 et 1643), ils auraient pu satisfaire à leurs cotes pour l'avenir. Cette remise irait au moins à 15 000 livres, mais ce qu'on ne fera pas aujourd'hui par remise et grâce, il le faudra faire dans six mois par nécessité, et ce remède à tard n'aura pas retiré ces paroisses du désordre, et ne leur aidera pas pour leur établissement. Or, je crois, monseigneur, être obligé de m'en expliquer ainsi par la connaissance de la province... »

Les événements viennent bientôt justifier les craintes du malheureux intendant :

« A Issoire, ils ont jeté les commis dans une chaudière pleine de chaux vive où les corroyeurs jettent leurs peaux de bœufs en poil pour les peler, et dont ces pauvres commis sont sortis à demi-bouillis, puis une sédition s'en est suivie, dans laquelle un exempt a reçu plus de vingt blessures; le mal empire dans les élections de Clermont, Brioude, Aurillac... On fait des rébellions de toutes parts, je suis sans autorité et sans force pour y remédier... Il y a des curés qui ont publié dans leur prône que l'on ne paye plus de subsistances ni d'arrérages de tailles, dont un est entre les mains de MM. de la cour des Aides qui court fortune d'être traité trop doucement, M. l'évêque de Clermont s'étant fait son protecteur et fait solliciter pour lui [1]. »

Toutes les formes de la résistance paysanne, de la passivité à la protestation, de la procédure à la révolte ouverte, débouchent pourtant sur l'échec. La cause en est l'incohérence des mouvements, leur incapacité à se structurer, leur confusion et surtout leur isolement. S'il y a souvent contagion d'une région à l'autre, il n'y a jamais entente. Les chefs sont médiocres, les troupes indisciplinées, généralement effrayées de leurs audaces.

Cependant les séquelles laissées dans la masse paysanne, et dans le peuple français plus largement, sont profondes. En bref il y en a deux :

La première est la destruction de l'intérieur de la communauté villageoise par une lente dissociation de ses éléments, par le lent effritement de la conscience de l'intérêt collectif.

1. Ms B.N., *fonds Saint-Germain. Cote 709/ 8 à 34.* C'est une mine inépuisable, très négligée.

Deux problèmes étaient particulièrement susceptibles de dresser les villageois les uns contre les autres :

– Le premier, et le plus important, était sans conteste au XVIIe siècle celui de la charge fiscale et de sa répartition. Il est très significatif de constater, à partir du premier tiers du siècle, que l'essentiel des réunions des assemblées d'habitants est consacré à l'examen des litiges relatifs à la taille : dénonciation des fraudeurs par de nouveaux venus dans le village, privilège des « commenseaux », ces petits officiers qui échappent à l'impôt, fuite des habitants qui changent de paroisse pour essayer de disparaître des rôles. Les riches propriétaires et les seigneurs font pression sur la communauté pour faire décharger leurs fermiers, ce qui leur permet d'exiger des exploitants des loyers plus élevés. On discute, on plaide alors devant les élus, mais les « coqs de village » ont presque toujours les moyens de faire prévaloir leur point de vue.

– La jouissance des droits collectifs était une autre occasion de dissension et de conflits. La progressive réduction des biens communaux donnait une importance nouvelle aux « usages », aux servitudes collectives. Pour les pauvres gens qui ne possèdaient que quelques parcelles, le droit de mener paître les bêtes dans le bois ou les landes du roi ou du seigneur était un appoint indispensable. De même, la permission d'user librement des chaumes après la récolte ou des terres en jachère. Mais l'égoïsme des propriétaires et des gros exploitants tendait peu à peu à restreindre ces possibilités. Entre l'intérêt de quelques-uns et celui du plus grand nombre, le conflit était vif. Il contribuait à opposer les villageois et à dissocier la communauté rurale à l'heure de la mise en tutelle.

L'autre grave conséquence fut la paupérisation générale. Les campagnes se couvraient d'un peuple de mendiants qui « vivaient de l'aumône comme des revenus d'une prébende » et pour qui mourir de faim était une terreur quotidienne.

CHAPITRE 2

LES TABLEAUX DE LA MISÈRE

« Hélas, il n'y a que la douleur qui dure en ce monde! »

Pétrarque

Quelqu'un a écrit, sans doute avec excès, que trois mots résumaient l'histoire de l'ancienne monarchie : la guerre, la peste, la famine. « Les populations s'entretuent ou meurent de faim, de maladie, et quand on suit, à travers les récits du passé, tant de luttes sanglantes et tant de désastres, on s'étonne qu'un peuple ait pu survivre à pareilles misères, et qu'il soit resté des hommes [1]. »

A. *La France est toute désolée*

Il est vrai que « *Les réflexions sur les misères du temps* » rédigées par saint Vincent de Paul en 1660 accréditent cette détestable impression.

> « Il arrive tous les jours tant de cas étranges et en tant de divers endroits qu'il faudrait

1. Charles Louandre. « De l'alimentation publique sous l'ancienne monarchie. » *Magasin de librairie*, 25 mai 1860, n° 38-42.

un livre pour exprimer l'affliction générale. Nous vous dirons seulement que de 200 personnes qui seront dans un village, il en faut faire état que 180 n'ont qu'un morceau de pain, lesquels sont réduits à languir, les autres à voler et quelques-uns à la rage et au désespoir, et tous à la mort inévitablement, si on ne les secourt pas promptement. On peut assurer que plus de 10 000 sont morts de nécessité dans le Maine, la Touraine, le Blaisois, le Perche et ailleurs; environ 30 000 languissent misérablement et s'en vont les uns après les autres; il faudrait 10 000 livres seulement par semaine pour les empêcher de mourir de faim, tant les vivres sont chères; combien plus en faudrait-il pour les fortifier un peu... Rien n'est plus pitoyable que de voir ces pauvres : ils ont des visages secs, livides et pâles comme des morts. »

Une lettre envoyée à saint Vincent de Paul par la mère Angélique, le 28 juin 1652, avait déjà donné le ton :

« La France est toute désolée; il n'y a point de province qui ne souffre à l'extrémité. Paris et ses environs sont des plus maltraités. Tous les villages d'alentour sont entièrement déserts, et ce qui reste d'habitants sont retirés dans les bois, les autres étant morts de faim ou ayant été assommés par les soldats...

« On eut il y a quelques jours un grand sujet de pitié. Deux bateaux pleins de pauvres blessés arrivèrent au port au Foin, pensant être reçus à l'Hôtel-Dieu; mais cela ne se put, y en ayant déjà un si grand nombre, qu'ils sont sept dans chaque lit, quoiqu'on ait fait deux salles de plus; de sorte que l'on coucha ces pauvres malades sur le foin... »

Le constat est encore pire le 16 juillet :

« Le besoin de farine est si grand à Paris, que le pain y vaut déjà, tout le plus noir, dix sols la livre. Nous n'en avons plus que pour cinq jours... Nous avons du blé, mais on ne peut le faire moudre qu'avec une très grande peine, à cause des soldats qui volent les moulins. Il y a grand sujet de craindre pour l'avenir encore pis...

« On s'entre-massacre tous les jours avec toute sorte de cruauté et d'inhumanité... Les soldats s'entrevolent après avoir pillé les autres, et comme ils gâtent plus de bien qu'ils n'en pillent, ils ne laissent pas après de mourir souvent de faim, ne pouvant presque plus rien trouver. Toutes les armées sont également dans le même désordre, et c'est à qui pis fera... On essaye de renvoyer de Paris des paysans pour serrer les grains; mais à mesure qu'ils serrent, les gens de guerre les viennent battre et dérober, et mettent tout en fuite... Les grands et les souverains qui souffrent pour l'ordinaire très peu en ce monde doivent trembler en voyant les autres tant souffrir. »

Loret, dans sa *Muse historique*, confirme les prix élevés de toutes les subsistances à Paris. Le 12 mai 1652, le beurre vaut 20 sols la livre; l'œuf 3 sols; l'aloyau de bœuf 30 sols, le pain de ménage un écu, un morceau de fromage 10 sols... Il y a plus de 10 000 mendiants à Paris. En présence de tous les maux, la muse burlesque du pauvre chroniqueur, qui jusqu'ici avait ri de tout, l'abandonne, et il l'avoue ingénument :

Quantité de gens pourront dire
Qu'il vaudrait autant rien n'écrire
Que d'écrire si tristement;
Mais qui pourrait faire autrement?
Le feu, comme dedans du chaume,
Se répand par tout le royaume;
On voit l'Etat qui va périr
Si Dieu ne nous vient secourir.
Et quoi! durant cet incendie,
Faut-il faire la comédie,
Et jouer le plaisant rolet
De Philipin ou de Jodelet?
Qui le voudra le fasse...
Pour moi, durant cette disgrâce
Où tous les bons Français ont part,
Je ne puis devenir raillard;
Si quelques-uns s'en formalisent,
Que les rimes point ils ne lisent.

Et de fait :

> « A Saint-Quentin, l'Hôtel-Dieu ne pouvant plus recevoir par impuissance tous les pauvres réfugiés, ils sont couchés dans les rues, malades de flux de sang, infectés d'ordures et de vermine, dans une extrême nudité et abandonnés de tout secours, se trouvant peu de personnes qui osent les approcher, tant ils donnent d'horreur par leur puanteur... Les pauvres n'habitent plus dans leurs maisons, elles sont démolies. Il ne leur reste plus que quelques trous où ils se retirent sans pouvoir trouver une botte de paille pour les coucher, tout ayant été consumé par les armées [1]. »

> « Les nobles sont autant dans le luxe que jamais. La Cour et les Thuileries sont aussi fréquentées que ci-devant, les collations et tout le reste des superfluités vont à l'ordinaire, sans que l'horrible image de la calamité dont les rues sont pleines, les meurtres si ordinaires dans les rues et aux portes, et la cherté de toutes choses puissent toucher les cœurs et faire appréhender la colère de Dieu... [2] »

Mais ici ou là, au hasard des rapports des contemporains, on trouve quelques lignes qui témoignent de la misère générale.

1. *Relation contenant l'état des pauvres jusqu'au mois de décembre 1655.* Bibliothèque Nationale.
2. *Lettre de sœur Angélique à Saint Vincent de Paul,* 28 juin 1652.

« Il s'est trouvé un gentilhomme de fort bonne maison qui a été contraint à demander part aux distributions charitables pour lui, sa femme et ses six enfants; il y avait trois jours qu'ils n'avaient vu de pain, et était dans le désespoir de l'extrémité où il avait appris que la nécessité avait réduit une de ses filles, et cherchait à se mettre en service pour s'empêcher de mourir de faim. » [1]

La ville, surtout, est à la fois fabrique et asile de pauvres. Les siens d'abord, en raison de la montée des prix plus rapide que celle des salaires, de la traditionnelle fragilité de l'approvisionnement urbain en grains, aggravée par les dimensions nouvelles des villes en pleine croissance. Les descriptions qu'en fait, par exemple, le curé de Saint-Sulpice à Paris le jour de Pâques 1654 sont tout aussi poignantes.

« On a vu dans les quartiers éloignés du Chasse-Midi (l'actuel Cherche-Midi), ou des Incurables, enlever des voiries la chair des animaux pour nourrir les ventres affamés, d'autres se servir de son détrempé en eau de morue dont ils ont vécu assez longtemps, des enfants languir auprès des mamelles sèches de leurs pauvres mères mourantes; des filles dans le dernier péril de perdre, faute de pain, ou l'honneur ou la

1. *Lettre de sœur Angélique à Saint Vincent de Paul,* 28 juin 1652.

vie; des pauvres passer la rigueur du froid sans habits et sans feu, couchés sur la terre, ou sur un peu de fumier, dans des caves ou des greniers découverts. »[1]

Mais la ville abrite aussi, dans le même temps et dans une large mesure, les pauvres de l'extérieur, ceux des bourgs et des campagnes, que l'on nomme les « étrangers », les « forains ». Ce sont les victimes des faiblesses et des crises des économies rurales, et leur nombre, croissant, ne laisse pas d'inquiéter les magistrats.

Les archives de l'Aumône Générale et de l'Hôtel-Dieu de Lyon, notamment, foisonnent de textes probants et émouvants. La ville attire les pauvres que produisent les campagnes, tous ceux que les disettes, les famines, les guerres, ont rejeté des régions rurales et, plus gravement encore, tous ceux qui n'y trouvent pas, dans les jours ordinaires, la place et les ressources suffisantes.

Or ils sont nombreux, parce que l'économie rurale, on l'a dit, reste rigide, relativement peu extensive. Parce que les campagnes sont cruelles à ceux qui n'ont pas de bien au soleil et qu'elles ne disposent pas des institutions d'assistance qui se sont multipliées dans les villes. Les registres d'entrée des malades – dont beaucoup ne sont en fait que des

1. Recueil Thoisy, *Mat. ecclésiast.*, T. XXXII, 3e série, p. 186.

pauvres souffrant de sous-alimentation – de l'Hôtel-Dieu de Lyon, montrent que, sur les quelques 15 000 entrées de 1529 à 1563, la majeure partie vient des campagnes, mais aussi – chose inattendue – que, proportionnellement, les migrations de ville à ville sont plus importantes que les migrations des campagnes à la ville. La ville attire, elle ne retient pas. Dans une certaine mesure, elle fait fonction de volant régulateur de l'économie et d'abri au moins temporaire pour les éléments marginaux qui occupent, dans les sociétés des XVIe et XVIIe siècle, une place considérable et toujours croissante.

B. *Les chiffres de la pauvreté*

La pauvreté est difficile à cerner. Les chiffres sont rares. Si Michel Mollat a donné une définition de l'état de souffrance et surtout de l'état de pauvreté – « une situation, subie ou volontaire, permanente ou temporaire, de faiblesse et d'humilité, caractérisée par la privation des moyens, changeant avec les époques et la société, de la force et de la considération sociale (argent, pouvoir, influence, relations, science ou qualification technique, honorabilité de la naissance, vigueur physique, capacités intellectuelles, liberté et dignités personnelles) [1] » – les hum-

1. Michel Mollat. « Les pauvres et la société médiévale. » *Communication au Colloque international de Moscou*, 1970, p. 2.

bles, les malheureux sont peu connus de l'histoire. La souffrance ne se mesure guère, en fait. Les listes des assistés de l'Aumône ne sont pas complètes et concernent les périodes ordinaires, non les crises.

Restent toutefois quelques chiffres fournis par le Consulat et par l'Aumône dans les grandes crises. L'exemple de la ville de Lyon est édifiant à cet égard. En 1531, qui restera l'année de la grande cherté, 8 000 pauvres. En 1596-1597, 7 000 à 10 000. En 1629, au lendemain de la peste, le pasteur Grillot estimait qu'il ne restait que 600 pauvres des 18 000 que la ville nourrissait avant la contagion et que, des 19 moulins qui tournaient pour la ville, 9 suffisaient désormais à assurer l'approvisionnement de Lyon.

Faute de documents précis et sûrs, l'évaluation de la population est incertaine. Elle pouvait atteindre 60 000 habitants en 1531, peut-être 70 000 au milieu du siècle, pour retomber à 50 000 après les ravages de la peste de 1564 et les misères des guerres civiles. Ainsi, dans les pires années, près de 20 % de la population se trouvait dans la pauvreté. Dans les meilleures années, l'Aumône assistait en moyenne 1 200 pauvres : c'est peu. Mais ces bonnes années se font de moins en moins fréquentes. Elles sont devenues l'exception dans la seconde moitié du siècle. Les 20 % de la population sont frappés dans les grandes crises, autrement dit un habitant sur cinq vit, sinon dans la pauvreté, du moins dans la peur d'y tomber : paupérisable. Les pourcentages de Lyon sont comparables à ceux d'Augsbourg ou de Norwich, l'une et l'autre villes industrielles, cités de la futaine et du drap et – pour la première – ville de grand commerce, ce qui accentue sa ressemblance avec Lyon.

De l'observation des différents tableaux présentés par Richard Gascon pour ses « *Etudes sur l'histoire de la pauvreté à Lyon jusqu'au XVIe siècle* » [1], trois traits se dégagent :

En premier lieu, le seuil de pauvreté se place relativement haut sur la pyramide sociale, très souvent entre le niveau des gagne-denier et celui des manœuvres [2]. Or, une partie importante du petit peuple, la plus nombreuse sans doute, se situe en dessous de ces niveaux. C'est dire l'extrême médiocrité de la condition matérielle populaire et sa vulnérabilité. Une large part du menu peuple se trouve presque en permanence aux frontières de la pauvreté et reste, en d'autres termes, dangereusement paupérisable.

1. R. Gascon, in revue « *Pauvreté* », T. II, pp. 751-760.
2. Ces indications sont tirées de l'étude des registres des entrées des malades à l'Hôtel-Dieu de Lyon. Ceux-ci couvrent la période qui s'étend de 1529 à 1803. Ils comportent quelquefois le métier du nouvel inscrit mais la mention n'est pas régulière, ce qui explique l'exploitation, lacunaire et tendancieuse, qui peut en être faite.

En second lieu, le seuil de pauvreté est très mobile. Ses variations peuvent être de grande amplitude. Il peut atteindre, dans les périodes les plus difficiles, jusqu'au niveau des compagnons et des petits artisans.

Enfin, il s'est considérablement élevé tout au long du XVIe siècle, atteignant des degrés toujours plus hauts de l'échelle sociale. Cette dégradation se lit particulièrement dans le tableau du pouvoir d'achat du blé : entre la première décennie du siècle et la dernière, on passe de l'indice 100 à l'indice 55, et entre la seconde décennie et la dernière, de 127 à 55. Elle se lit aussi dans le nombre d'années où le seuil de pauvreté a été franchi par les gagne-denier : dans le dernier quart du XVe siècle, cinq « années nécessiteuses », dans le second quart du XVIe siècle, douze, vingt dans le troisième quart, et la totalité dans le dernier quart.

Sombre réalité qui paraîtrait excessive si elle n'était incontestable. C'est surtout dans le détail des semaines qu'il faut retrouver la signification humaine des prix, mesurer la hantise du pain quotidien et suivre les mouvements d'une pauvreté tantôt présente, tantôt proche, mais qui toujours menace et jamais ne se laisse oublier. Sur 572 semaines des onze années 1690-1700, en retenant le pain de seigle, 23 ont été des semaines de pauvreté pour les compagnons, 58 pour les manœuvres, et 279 pour les gagne-denier.

Le plus surprenant toutefois est qu'on prie pour être délivré de la faim, de la guerre et de la peste, non de la pauvreté, dont nul n'espère qu'elle puisse cesser d'être la compagne coutumière de la vie familiale.

C. *On était vraiment las d'être au monde*

Une des grandes appréhensions d'autrefois, en effet, et combien justifiée, était celle de mourir de faim, une appréhension « qui collait... aux saisons, à l'écoulement des mois, voire des jours ». En temps de crise, elle provoquait des paniques et débouchait sur de folles accusations contre de prétendus accapareurs.

Il est vrai que dans l'Europe de naguère, l'alimentation était déséquilibrée par excès de féculents, insuffisante en vitamines et en protéines, et marquée par l'alternance frugalité-ripailles, ces dernières (qui étaient rares) ne parvenant pas à exorciser dans une grande partie de la population l'obsession de la disette. Au premier rang des œuvres de miséricorde, l'Eglise plaçait non sans raison « nourrir ceux qui ont faim ». Bien que sévères dans les villes, les crises céréalières étaient encore plus durement ressenties dans les campagnes où, rappelle Pierre Goubert [1], la majorité des

1. P. Goubert, *Louis XIV et vingt millions de Français*, Paris, 1966, p. 167.

petits paysans devaient acheter leur pain. Dans certaines provinces de France, les trois quarts des paysans étaient incapables de nourrir leur famille sur leur exploitation. Circonstance aggravante : la consommation de viande fléchit en Europe aux XVIe – XVIIe siècles par rapport à ce qu'elle était au Moyen Age car, avec la poussée démographique, les cultures gagnèrent globalement sur l'élevage et, avec elles, l'alimentation céréalière [1]. La tyrannie des céréales signifiait que la hiérarchie des qualités du pain, du plus blanc au plus noir, recouvrait la hiérarchie sociale et que les récoltes rythmaient les convois funèbres [2], une sous-alimentation aigüe fauchant les mal nourris et ouvrant la porte aux épidémies [3].

Imaginer qu'il y a seulement quelques centaines d'années on pouvait mourir de faim dans les villes et les campagnes force l'imagination. Pourtant les témoignages sont innombrables à cet égard. En mars 1683, par exemple, des habitants du Craonnais vinrent à Angers mendier du pain « avec des visages pâles et défaits qui faisaient également peur et

1. A. M. Puiz, « Alimentation populaire et sous-alimentation au XVIIe siècle. Le cas de Genève et de sa région », in *Pour une histoire de l'alimentation* (sous la direction de J.J. Hemardinquer), Paris, 1970, p. 143.
2. Ibid, p. 129 et 140.
3. Cf. Messance, Recherches sur la population, 1756 : « Les années où le blé a été le plus cher ont été en même temps celles où la mortalité a été la plus grande et les maladies plus communes ». Cité par R. Mandrou, *La France aux XVIIe et XVIIIe siècles*, 3e éd. 1974, p. 99.

compassion »[1]. Le directeur du séminaire d'Angers, Joseph Grandet, à qui l'on doit ce témoignage, décide alors avec quelques compagnons de venir en aide aux paroisses les plus misérables; ils sont attendus par :

> « des milliers de pauvres, le long des haies, avec des visages noirs, livides, atténués comme des squelettes, la plupart s'appuyant sur des bâtons et se traînant comme ils pouvaient pour demander un morceau de pain.[2] »

La situation n'était pas meilleure dans le nord du royaume lors de cette même crise céréalière. A preuve le journal qu'a laissé le curé de Rumegies :

> « On n'entendait parler pendant ce temps que de voleurs, que de personnes mortes de faim... Un pauvre homme était veuf; on ne le croyait point si pauvre qu'il n'était; il était chargé de trois enfants. Il devint malade, ou plutôt il devint exténué et faible, sans pourtant qu'on eusse averti le curé, sinon que par un dimanche..., une de ses sœurs est venue dire au curé que son frère mourait de faim, sans dire autre chose. Le pasteur donna un pain pour lui porter incessamment; mais on ne sait si la sœur en avait besoin elle-même, comme il y a bien

1. François Lebrun, *Les hommes et la mort en Anjou aux XVIIe et XVIIIe siècles*, Paris, 1971, p. 338.
2. Ibid, p. 339 et p. 345.

de l'apparence; elle ne lui a point porté et, au deuxième coup de vêpres, le pauvre est mort de faim. Il n'y a que celui-là qui est mort sitôt faute de pain, mais plusieurs autres, et ici et aux autres villages, en sont aussi morts un peu à la fois, car on a vu cette année une grande mortalité. Dans notre paroisse seule, il est mort cette année plus de personnes qu'il n'en meurt en plusieurs années... On était vraiment las d'être au monde. [1] »

A ces témoignages significatifs répondent ceux, encore plus affreux, de la guerre de Trente Ans et de la Fronde. Un curé de Champagne raconte qu'un jour un de ses paroissiens, un vieillard de soixante-quinze ans, entra dans son presbytère pour faire rôtir à son feu un morceau de chair de cheval mort de gale depuis quinze jours, infecté de vers et jeté dans un bourbier puant [2]. En Picardie, des contemporains assurent que des hommes mangent de la terre et des écorces et « ce que nous n'oserions dire si nous ne l'avions vu et qui fait horreur, ils se mangent les bras et les mains et meurent dans le désespoir [3]. »

Le cannibalisme est fréquent dans ces conditions. En Lorraine, une femme fut con-

1. H. Platelle, *Journal d'un curé de campagne au XVIIe siècle*, Paris, 1965, p. 90-94.
2. A. Malet et J. Isaac, *XVIIe et XVIIIe siècles*, Paris, 1923, p. 113.
3. Ibid, id.

damnée à mort pour avoir mangé son enfant. En 1637, selon un magistrat enquêtant en Bourgogne, « ... les charognes des bêtes mortes étaient recherchées; les chemins étaient pavés de gens la plupart étendus de faiblesse et se mourant... Enfin on en vint à la chair humaine... [1] »

Ainsi, en raison de la faiblesse des rendements agricoles et du rapport précaire entre production et démographie, une saison trop humide et une récolte chétive menaçaient vraiment de mort une partie de la population : les gueux de toutes origines, bien sûr, ces « bouches inutiles » qu'on chasse des villes dès que la disette approche; mais aussi les petits paysans qui, dans les mauvaises années, n'ont même pas de grain pour la semence; les journaliers sans travail quand moissons et vendanges sont détruites par la grêle; et tous les gagne-petits prêts à tomber dans la mendicité quand le pain devient trop cher et que le travail manque.

Les émeutes

Tous ceux qui vivaient en temps ordinaire au seuil de la pauvreté – et ils étaient nombreux – avaient donc raison d'avoir peur quand le prix des grains se mettait à monter. D'où

1. G. Roupnel, *La ville et la campagne au XVIIe siècle. Etude sur les populations du pays dijonnais*, Paris, 2e éd., 1955, p. 32.

des émeutes « fréquentes et banales » dans les années de cherté, surtout pendant les mois de soudure. A l'origine imédiate de ces émeutes, deux sortes d'événements; d'une part, les transports de céréales hors du village, de la ville ou de la province; d'autre part, la rareté du pain chez les boulangers, et les étals vides tôt dans la matinée parce que la fournée avait été emportée aux premières heures du jour par les meilleures maisons. Alors l'affolement se produisait notamment chez les femmes, et l'on passait d'appréhensions justifiées à des peurs excessives et à des conduites de violence.

On guettait et l'on pillait des transports de grain sur les chemins ou l'on déchargeait de force des barques de marchands à leur passage près des quais de la ville. On enfonçait les portes des boulangers, on saccageait leurs boutiques, parfois on y mettait le feu.

Rien d'étonnant dès lors à ce que les pénuries aiguës, s'ajoutant chez beaucoup de gens à une sous-alimentation chronique, aient nourri de folles terreurs et provoqué des colères collectives. Il s'agissait d'hommes et de femmes traqués par la faim [1] qui cherchaient immédiatement des responsables humains à une situation créée par des causes anonymes et trop arbitraires pour eux : les aléas du climat, la faiblesse des rende-

1. R. Mandrou, *Introduction à la France moderne*, Paris, 1961, pp. 34-35.

ments, la lenteur des transports... Les boucs émissaires, c'étaient les boulangers, les meuniers et les accapareurs de tout crin. On les traitait sans cesse de « loups ravissans », « de monopoleurs »... Parfois, on les menaçait de « les faire griller et cuire dans leur four [1] ».

Rien d'étonnant aussi à ce que les mendiants, les vagabonds, tous ces « gens sans aveu » désocialisés et déracinés par la misère, soient pris pour des délinquants et des séditieux. La société du temps, éminemment suspicieuse, identifie déjà marginalité et criminalité. Elle se sentait en danger et périodiquement conjurera cette menace par les mesures les plus sévères, parfois même les plus cruelles : « Au moindre symptôme de contagion les mendiants et les vagabonds auront à venir déclarer leur malaise, sous peine d'être arquebusés [2]. »

La confusion a son importance. La misère, dans l'opinion du XVIIe siècle, est regardée comme un châtiment du péché orginel. Le désir d'y toucher devient presque une impiété, une révolte orgueilleuse, et tout essai sérieux pour y remédier se voyait opposer d'avance une fin de non-recevoir. Saint Vincent de Paul le comprendra assez vite.

1. Toute cette partie sur la peur de la faim est tirée de l'ouvrage fondamental de Jean Delumeau, *La peur en Occident*, Fayard, 1979, pp. 162-167.
2. Intendant de Champagne, Isaac Laffemas, 1633, in Boutot, *Recherches sur les anciennes pestes de Troyes*, 1857.

CHAPITRE 3

NATURELLE CHARITÉ ET SOUCI D'ORDRE PUBLIC

« Un homme n'est pas pauvre parce qu'il n'a rien, mais parce qu'il ne travaille pas. »

Montesquieu
(De l'esprit des lois
Livre XXIII – Chap. 29)

Pour l'histoire des idées sur les pauvres et la pauvreté, l'importance du XVIe siècle est grande. On constate, en effet, pour le royaume de France du moins, que c'est entre 1490 et 1600 environ que des choix décisifs entre diverses attitudes s'opèrent. On rencontre, exposées dans les derniers siècles du Moyen Age, à peu près toutes les idées possibles sur le paupérisme et sur les pauvres. Mais on a le sentiment que ni les autorités ecclésiastiques ni, moins encore, le pouvoir civil n'ont tranché entre les doctrines, entre les attitudes qui vont de la glorification du pauvre, « membre souffrant de Jésus-Christ », à la répugnance devant la pauvreté, déchéance contraire à la dignité de l'homme. Autrement dit, la pauvreté est considérée tout à la fois comme une vertu éminente qui fournit, aux riches comme aux pauvres, des occasions de sanctification par l'aumône ou par l'humilité, et comme une chose dégradante, qui fait que le pauvre est perçu comme un être social dangereux.

Le XVIe siècle, plus cohérent, mettra un terme aux hésitations du Moyen Age. Les thèmes alors choisis, admis par tous, ou presque tous, commanderont largement les attitudes des siècles suivants.

A. *De la pauvreté considérée comme une vertu...*

D'une manière générale, la civilisation médiévale exalte la vertu de pauvreté [1]. La pauvreté en esprit est présentée comme un idéal; la pauvreté d'élection constitue un point essentiel des règles des grands ordres religieux.

Quant à la pauvreté de fait, elle résulte du péché, puisque les sources de la misère (guerres, calamités agricoles..) constituent autant de châtiments envoyés par Dieu pour punir les péchés des humains.

Le Christ, toutefois, en voulant sanctifier la pauvreté par sa vie terrestre, a permis aux pauvres de s'identifier à lui. Ils sont ses « membres souffrants », ses représentants sur terre. De nombreux textes en témoignent : Pierre de Blois désigne le pauvre sous l'appellation de *vicarius Christi,* et des règles d'ordres hospitaliers proclament que « les pauvres sont nos seigneurs »; l'expression « pauvres de Jésus-Christ » est courante, et l'icono-

1. M. Mollat, *La notion de pauvreté au Moyen Age : position de problèmes,* R.H.E.F., 1966, pp. 5-23.

graphie elle-même illustre les thèmes comparables de Job, de Lazare et du mauvais riche, de saint Martin, de saint Louis servant les pauvres, des chiens léchant les pieds des pauvres...

Le pauvre apparaît dès lors comme un modèle, mais aussi comme un intercesseur privilégié auprès de Dieu : la prière du pauvre attirera des bénédictions spéciales sur la personne de son bienfaiteur. Aussi choisit-on volontiers des pauvres pour tenir un enfant sur des fonds baptismaux; aussi les membres d'une confrérie font-ils l'aumône pendant sept jours à des pauvres pour qu'ils prient pour des confrères décédés [1].

La pauvreté fournit surtout aux hommes des occasions de sanctification. Elle permet au pauvre de se sanctifier à condition qu'il accepte sa pauvreté avec résignation et sans déplorer son sort, alors que pour les riches l'existence même des pauvres est une voie possible du salut, dans la mesure où elle permet l'exercice des œuvres de miséricorde.

En ce sens, la pauvreté paraît bien avoir traditionnellement une place de choix parmi les vertus chrétiennes, et le rôle rédempteur des pauvres apparaît essentiel.

1. M. Charlier, « Les aumônes dans l'activité charitable des confréries aux XIIIe, XIVe et XVe siècles », in *Recherches sur les pauvres et la pauvreté au Moyen Age*, second recueil, 1963-1964.

Pourtant à la fin du Moyen Age, et notamment à partir du XVIe siècle, cette vision traditionnelle coexiste avec un courant de pensée qui présente la pauvreté comme une malédiction et souligne les dangers que les pauvres font courir à la société. La criminalité, dans les derniers siècles du Moyen Age, devient largement une criminalité du vol et du brigandage; la majorité des prévenus sont des pauvres, fréquemment déracinés et vagabonds, parfois groupés en bandes. Tenus non seulement pour méprisables et inutiles, les pauvres font alors aussi volontiers figure de danger social.

Si les causes de cette nouvelle attitude restent délicates à élucider – mutations économiques et sociales, réformes religieuses et humanisme (?) – ses composantes sont par contre parfaitement claires. La pauvreté est considérée comme nuisible parce qu'elle dégrade et abaisse l'homme. Avant même de trouver l'idée chez les humanistes, c'est dans le *Roman de la Rose* que l'on peut lire : « Que soit maudite l'heure où fut conçu le pauvre [1]. » Dans le *Roman de Renart*, la pauvreté est une tare, la punition d'Adam déchu [2]. De plus, la mendicité est dénoncée en même temps que l'on met en valeur l'idée de travail, car ce dernier est présenté comme un moyen de

1. M. Mollat, *La notion de pauvreté...*, op. cit, p. 17.
2. M.H. Chopard, « Les pauvres et la pauvreté dans le Roman de Renart », in *Recherches sur les pauvres et la pauvreté au Moyen Age*, quatrième recueil, 1965-1966.

rédemption alors que l'oisiveté conduit aux vices. Cette réprobation à l'égard du mendiant, inutile, s'étend d'ailleurs aux moines mendiants : ce ne sont que de faux pauvres, des quémandeurs, valides et paresseux.

L'idée que le pauvre est coupable du fait même de sa pauvreté surgit ainsi, même si elle est encore mal définie. Les grandes pestes du milieu du XVIe siècle, avec les désordres, les vagabondages et la pénurie qu'elles ont provoqués, n'ont certainement pas été sans effet, et il est d'ailleurs significatif de relever que c'est au cours des deux derniers siècles du Moyen Age que se développe une législation répressive à l'égard des vagabonds. Une ordonnance de Jean le Bon, le 30 janvier 1350, dénonce, dans son titre premier : « des mendiants », ceux « qui se tiennent oiseux », et les menace de la prison et du bannissement [1]. Il faut chasser de partout les faux pauvres qui peuvent travailler. Le clergé doit recommander de ne donner l'aumône qu'aux pauvres invalides. Seuls ces derniers doivent être recueillis dans les hôpitaux.

Même si une « *Ordonnance rendue sur les doléances des Etats du Languedoc* », le 8 juin 1456, prévoit de purger le pays des vagabonds « en les mettant ès gallès », cette législation répressive ne connaît encore que des applica-

1. L. Lallemand, *Histoire de la charité. T. III : le Moyen Age (du Xe au XVIe siècle)*, Paris, 1906, pp. 342-352.

tions assez laxistes. On est certes loin ici du thème du pauvre, image du Christ sur terre, mais les idées anciennes sur les droits sacrés du pauvre n'ont pas totalement disparu. Une distinction, qui fera fortune aux siècles suivants, commence simplement à s'esquisser entre les « bons » et les « mauvais » pauvres, et les pouvoirs publics, au moins, pensent qu'il faut réserver une grande sévérité aux seconds. Mais on hésite encore, on tâtonne. Entre deux attitudes opposées, le Moyen Age finissant n'a manifestement pas encore choisi.

Les institutions d'assistance, telles qu'elles apparaissent vers 1500, montrent bien que tous les pauvres, « bons » ou « mauvais », sont admis indistinctement au bénéfice des secours. Les distributions publiques, faites le plus souvent en nature, portent le nom d'« aumônes ». Elles peuvent avoir lieu occasionnellement, lors de funérailles par exemple. Dans d'autres cas, elles sont régulières. Il s'agit alors d'aumônes fondées par des bienfaiteurs des pauvres ou, peut-être plus fréquemment encore, d'aumônes distribuées à la porte des couvents. Presque toujours, ces aumônes sont faites, dans le plus grand désordre, à tous les pauvres qui se présentent, pauvres du lieu ou « pauvres passants », sans que l'on cherche encore à distinguer entre pauvres infirmes et mendiants valides.

La démarche est identique pour les hôpitaux. Recevoir sans distinction le « pauvre passant », le pèlerin, le vagabond, c'est recevoir le Christ. « Que l'on mette tous ses soins à bien recevoir les pauvres et les pèlerins, car c'est surtout en eux qu'on reçoit Jésus-Christ » prescrit sans détour la règle de saint Benoît.

L'idée que le pauvre est « membre de Jésus-Christ » domine donc encore toutes les œuvres médiévales d'assistance. Le XVIe siècle fera un autre choix et en assumera les conséquences, car son orientation vers la lutte contre la mendicité, avec une législation répressive beaucoup plus dure, devait légitimement se doubler d'une réforme hospitalière, sinon de la création de nouvelles formes d'assistance. Le fait a son importance.

La représentation que la société du XVIe siècle se fait des pauvres s'éloigne donc très nettement de celle du « pauvre membre » de Jésus. Sans doute, cette dernière n'est-elle jamais totalement reniée. Mais on dénonce fréquemment les pauvres comme des dangers pour l'ordre social et pour la santé publique.

B. ... *à la pauvreté considérée comme une déchéance*

Le pauvre devient le réceptacle de toutes les horreurs. Il colporte l'hérésie. Il est un instrument tout désigné entre les mains « des ennemys du roy et du royaulme » (ainsi parlent en 1524 les échevins de Troyes et de Dijon). Il répand surtout les pestes, c'est-à-dire les maladies contagieuses [1], car son instabilité fait de lui un vecteur presque prédestiné. L'idée que pauvres et malfaiteurs sont les mêmes personnes prend force de plus en plus au XVIe siècle, mais la modification va encore plus loin puisque l'idéalisation franciscaine de la pauvreté et de la mendicité est fortement détériorée.

On répète volontiers que les biens de la fortune sont méprisables, s'ils ne sont pas accompagnés des biens du cœur et de l'âme. Mais l'on s'empresse d'ajouter qu'une « honnête médiocrité » est nécessaire au développement individuel comme à la conservation du corps politique. Les excès de pauvreté nuisent, comme les excès de richesse. En ce siècle humaniste, les auteurs sont nombreux à écrire que la pauvreté est un handicap à l'épanouissement humain, qu'elle abîme l'homme. Pour Agrippa d'Aubigné, « la misérable pauvreté n'a rien de plus méprisable que ce qu'elle rend les hommes ridicules [2] ». Dans les recueils iconographiques, dont le plus célèbre est l'*Iconologie* de l'Italien Ripa,

1. Jusqu'au XVIIe siècle, le terme générique *pestis* désigne toutes les sortes d'affections.
2. A. d'Aubigné, *Confession catholique du Sieur de Sancy*, in les *Mémoires* de P. de l'estoile, T.V., Paris, 1744, p. 591.

parue pour la première fois en 1593, la pauvreté est représentée comme une figure féminine. Sa main gauche est ailée et dirigée vers le haut, mais sa main droite est retenue vers le sol par une pierre pesante. La main gauche symbolise le désir qu'a l'esprit humain de s'élever, et la main droite représente la pauvreté qui interdit cet essor. Ce thème iconographique, au succès persistant dans l'Europe moderne, dit bien comment la valeur transcendante de la pauvreté s'efface devant les inconvénients qu'elle entraîne pour l'épanouissement humain.

Il y a même plus. La valeur absolue, le caractère sacré du pauvre et de la pauvreté ne sont plus reconnus de manière automatique. Il faut que le pauvre accepte avec humilité et résignation son état pour que sa pauvreté soit respectable. *Le Miroir politique* de G. de la Perrière affirme que « tout ainsi que pauvreté ne fait le pauvre plus méritoire, s'il ne la prend patiemment, semblablement les richesses ne nuisent pas aux riches, s'ils n'abusent pas d'icelles ».

Au-delà de tous ces griefs qui visent à désacraliser la mendicité, il y a surtout un reproche qui dépasse en importance tous les autres, et qui fait le plus pour enlever son caractère religieux à la mendicité. C'est le reproche d'oisiveté. Les développements qu'en fait le XVIe siècle sont étonnamment semblables d'une œuvre à l'autre.

C'est d'abord l'affirmation que l'oisiveté est dangereuse parce que mère de tous les vices. L'article « Oisiveté » de l'*Iconologie* de Ripa explique que c'est une « peste dangereuse ». C'est la racine et la source de tous les maux de la vie et, de ce fait, elle est plus pernicieuse que le vice même.

Ces condamnations de l'oisiveté trouvent un appui dans le développement, qui se poursuivra au XVIIe siècle, d'idées sur le travail. On soutient volontiers que ce dernier est une nécessité pour l'homme parce que c'est la punition du péché originel. Le sens du mot à cette époque signifie même fatigue, voire souffrance [1]. Dans la mesure où le travail devient obéissance à la loi de Dieu, il prend valeur de sanctification, de prière au moins. Accomplir sa vocation terrestre a valeur religieuse.

Toute une littérature de la gueuserie va dès lors s'employer à dénoncer les aspects associaux du monde des gueux – leur organisation sociale particulière, très hiérarchisée, et leur langue ésotérique, le « jargon » – afin de faciliter un pas décisif : la distinction entre « bons » et « mauvais » pauvres, l'affirmation qu'errance et mendicité ne sont pas forcément signes d'élection.

1. E. Huguet, *Dictionnaire de la langue française du XVIe siècle*, T. VII, article Travail, Paris, 1966.

Pèlerins et pèlerinages sont désormais violemment critiqués par les évangélistes et par les réformateurs (Erasme, Luther, Zwingli). Les clercs mendiants et vagabonds font l'objet des attaques des réformes protestantes et catholiques. Les supercheries des mendiants sont fréquemment dénoncées dans la littérature : « les caymans », c'est-à-dire les mendiants, sont décrits comme des simulateurs dangereux. Le reproche le plus courant est celui de simuler de fausses plaies et de fausses maladies pour attirer la pitié et les aumônes. Dans les *Propos rustiques* de Noël du Fail, le gueux Tailleboudin dit à un paysan : « Je gagnerai plus en un jour à mimer un aveugle, le contrefaire, ou avec certaines herbes m'ulcérer les jambes pour faire la parade en une église que tu ne ferais à charruer un an[1]. »

C'est sans doute dans les œuvres du chirurgien Ambroise Paré que l'on trouve les descriptions les plus complètes des maladies simulées par les gueux. Il rapporte l'exemple d'un mendiant demandant l'aumône en faisant passer pour sien le bras pourri d'un pendu. Un autre « bélistre » s'est fait « un chancre à la mamelle » avec une éponge imbibée de sang de bœuf et de lait. D'autres encore simulent la jaunisse en se barbouillant le visage de suie mélangée d'eau. Les faux

1. Noël du Fail, *Discours d'aucuns propos rustiques...*, Lyon, 1547, VIII, p. 56.

épileptiques, se roulant par terre après avoir mâché du savon, sont légion.

> « ... Certes, tels larrons, bélistres et imposteurs, pour vivre en oisiveté, ne veulent jamais apprendre autre art que telle mendicité, qui à la vérité est une école de toute méchanceté, car tels personnages saurait-on trouver plus propres pour exercer que maquerellages, semer poisons par les villages et les villes, pour être boutefeux, pour faire trahisons et servir d'espions, pour dérober, brigander, et toute autre méchante pratique? Car outre ceux qui ont été meurtriers d'eux-mêmes et qui ont cautérisé et stigmatisé leur corps, ou qui ont usé d'herbes et drogues pour rendre leurs plaies et corps plus hideux, il s'en est trouvé qui ont dérobé de petits enfants, et leur ont rompu les bras et les jambes et crevé les yeux, coupé la langue, pressé et enfoncé la poitrine, disant que la foudre les avait ainsi meurtris pour (les portant parmi le monde) avoir couleur de mendier, et attrapper deniers[1]. »

D'où le portrait-robot extrêmement malveillant qu'en façonne l'imagination collective. Les pauvres sont les « très forts » et « incorrigibles larrons » qui épient leurs victimes dans l'ombre – en un temps où le vol est réputé plus criminel que la bagarre et la

1. A. Paré, *Oeuvres*. Edit. P. de Tartas, p. MLIII.

vengeance. Ambroise Paré va plus loin en cataloguant parmi les treize causes des monstres l'« artifice des méchants bélîtres de l'ostière », mendiants allant de porte en porte.

Les procédés sont si divers que la littérature de la gueuserie établit de véritables classifications de mendiants, selon la plaie ou la maladie qu'ils simulent, selon le procédé employé pour mendier. L'un des premiers modèles semble fourni par le *Liber vagatorum*, paru au début du XVIe siècle, qui ne distingue pas moins de vingt-huit catégories de gueux, sans compter ceux qui mendient dans les églises [1].

« Le vagabond, écrit avec justesse B. Geremek, y apparaît sous les traits du fourbe, de l'imposteur, de l'escroc, et le but didactique de cette littérature est de montrer clairement les instruments et les techniques de l'escroquerie. Au second plan de ce tableau, se profile le danger social que constitue ce monde différent pour l'ordre établi, pour la société organisée. » Faisant écho à la crainte éprouvée par les possédants, mais se rangeant du côté des déshérités, le théologien janséniste Godefroy Hermant écrivait en 1676, d'une plume dont l'ironie est singulièrement moderne :

1. *Liber vagatorum. Le livre des gueux.* P. Ristelhuber, Strasbourg, 1862, LXII, 67 p.

> « Les pauvres sont des spectres hideux qui troublent le repos des particuliers, interrompent la joye des familles et qui ruinent la tranquilité publique. Il faut faire taire la clameur de ces misérables qui poursuivent les paisibles bourgeois jusque dans leurs maisons et s'assemblent en de criminels mouvements[1]. »

Semblable témoignage fait comprendre pourquoi, dans la plupart des ouvrages du temps relatifs aux mendiants et que n'inspire point la charité chrétienne d'un Hermant, les vagabonds sont représentés comme formant une contre-société argotique avec organisation corporative, autorité monarchique au sommet et langue mystérieuse. Une contre-société ainsi décrite ne pouvait manquer d'être identifiée comme une menace pour l'ordre établi.

La réputation de fauteurs de désordres populaires commence à naître au XVIe siècle, et ce thème sera appelé à une longue vie : le pauvre est celui qui, dans une émeute ou dans un bouleversement social, n'a rien à perdre. L'idée est parfaitement résumée dans l'ouvrage de Gentillet, *Discours sur les moyens de bien gouverner*, dans un passage qui réfute les développements où Machiavel soutient qu'il faut tenir les sujets dans la pauvreté pour « les

1. G. Hermant, *Discours chrestien pour le bureau des pauvres de Beauvais*, 1654, p. 5.

garder de se remuer ». Contre l'auteur du *Prince*, Gentillet note que la pauvreté « fait entreprendre des nouveautez » et qu'elle « a esté maintefois cause de grandes emostions et guerres civiles ». En effet, « la pauvreté ne peut encourir hazard de perte [1] ». Aussi, lorsque quelque catastrophe survient, pauvres et vagabonds sont-ils aussitôt soupçonnés.

La classe dangereuse pour les autorités et tous les possédants d'autrefois, c'est donc en priorité celle des mendiants itinérants qui, croit-on, véhiculent avec eux tous les péchés du monde, y compris l'hérésie, le libertinage, la peste et la subversion. Même isolés, ils demandent souvent l'aumône avec « insolence ». Réunis en bandes dans le plat pays – car dans la société dure et structurée de l'Ancien Régime, l'homme seul peut difficilement survivre – ils attaquent les fermes reculées, volent dans les granges et les écuries, pillent les églises, menacent de « chauffer » les paysans et de brûler leurs maisons. Dans les campagnes plus encore plus que dans les villes, la crainte de l'incendie a longtemps accompagné celle du vagabond-brigand, et on la voit resurgir lors des « Grandes Peurs ».

Au XVIe siècle pourtant, et même beaucoup plus tard, l'évolution des sentiments à l'égard de la mendicité reflète toujours nombre d'hé-

1. I. Gentillet, *Discours sur les moyens de bien gouverner et maintenir en bonne paix un royaume ou autre principauté*. s. l., 1576, pp. 566-567.

sitations. L'*Autobiographie* de Thomas Platter en offre un exemple. L'auteur raconte longuement sa jeunesse d'étudiant pauvre et errant qui chante et mendie pour subsister. Mais il lui arrivait d'être injurié, et à propos des étudiants errants, il note :

> « ... J'entendais souvent prêcher que « Tu dois manger ton pain à la sueur de ton front » et que Dieu avait béni le travail manuel et parce que l'on qualifiait tous les studiosi de curés, que M. Ulrich lui aussi disait qu'on devait former les garçons au travail, sinon on aurait trop de prêtres, un grand nombre abandonnait les studia un peu partout [1]. »

Et le récit se termine par un bilan d'autosatisfaction sur la réussite matérielle acquise par « un grand travail », qui est signe de la bénédiction de Dieu.

Ces hésitations et incertitudes expliquent largement les difficultés à mettre sur pied de nouvelles formes d'assistance.

C. *Assistance ou répression, enfermement ou expulsion?*

La politique d'assistance en France apparaît complexe, en effet. Dans un pays en voie de

1. T. Platter, *Autobiographie*. M. Helmer, Paris, Cahiers des Annales, n° 22, 1964, pp. 31-46.

centralisation, une abondante législation royale s'efforce d'interdire le vagabondage et même la mendicité. Durant les règnes de François Ier et Henri II, les textes dirigés contre les vagabonds se multiplient de manière impressionnante. C'est que le vagabondage à la suite des armées, avec tous les pillages que cela signifie pour les populations civiles, prend des allures de fléau national.

L'errance des vagabonds suscite la peur à des degrés divers. Avec un chiffre de 3 ou 4 % de mendiants dans une ville, l'inquiétude ne sera pas grande. Mais s'ils franchissent le seuil de 10 %, la population s'alarme et risque de verser dans des gestes de panique. Dans l'Europe des XVIe et XVIIe siècles, cette proportion a été souvent dépassée.

La législation anglaise des XVe-XVIIe siècles est, plus que toute autre, révélatrice de cette peur de la subversion par les vagabonds qui s'empara des classes dirigeantes. Le statut de 1531 prévoit qu'ils seront pourchassés, transférés aux justices de paix, fouettés jusqu'au sang, puis renvoyés aux lieux de leur naissance ou dans les localités où ils ont habité durant au moins trois mois. L'acte de 1547, encore plus dur, stipule que tout homme qui reste trois jours sans travailler sera marqué au fer rouge, puis donné en servitude pour deux ans soit au dénonciateur, soit à sa commune d'origine, la fuite étant punie la première fois par l'esclavage perpétuel et la seconde fois par la mort.

Les enfants des vagabonds seront mis en apprentissage, les garçons jusqu'à 24 ans, les filles jusqu'à 20 ans, sans avoir droit à aucune rémunération. Le statut de 1547 est révoqué trois ans plus tard, mais la chasse aux vagabonds ne s'en trouve pas ralentie. Les années 1569-1572 notamment, sont marquées par des campagnes de recherches des mendiants, que l'on fouette publiquement. Des volontaires participent à ces sinistres battues.

En France, François Ier confie le soin de leur arrestation aux prévôts des marchands et, jusqu'en 1789, le vagabondage restera « cas prévôtal ». Les peines prévues sont lourdes. Les ordonnances de la première moitié du siècle rappellent avec constance que les vagabonds sont passibles des galères. L'inapplication quasi générale de ces textes rendit la pratique moins cruelle que la théorie. En revanche, la peine des travaux forcés, prévue aussi par de nombreux textes, est fréquemment utilisée. C'est notamment un spectacle assez courant dans la France du XVIe siècle que de voir des vagabonds, enchaînés deux à deux, travailler aux murailles d'une ville. Mais les textes qui prévoient ces travaux forcés insistent beaucoup plus fermement qu'auparavant sur l'interdiction de mendier et surtout sur l'interdiction de faire l'aumône manuelle en public ; c'est le cas en 1547, 1551 et 1554.

Dans ce domaine pourtant, le soin de l'application revenait aux villes. L'essentiel des décisions concernant l'assistance se prenait au niveau local, et non pas au niveau national.

Les textes du XVIe siècle réaffirment constamment le principe selon lequel les pauvres étrangers à une ville ne doivent pas y rester. L'ordonnance de Moulins, en février 1566, affirme solennellement que les pauvres doivent être nourris au lieu de leur résidence; ils ne doivent pas « vaguer », ni demander l'aumône ailleurs.

Deux nouveautés majeures marqueront cette nouvelle orientation.

La première sera que l'hôpital, jusqu'alors largement administré par le clergé, tendra à passer sous le contrôle des laïcs. Le piètre état de beaucoup d'hôpitaux après les guerres de la fin du Moyen Age, comme les doléances répétées du tiers état aux différents Etats généraux, favorisent cet acheminement vers un contrôle des laïcs, c'est-à-dire des bourgeois des villes. Des édits royaux de décembre 1543 et d'avril 1561 reconnaissent officiellement leurs prétentions. D'ailleurs, dès le début du siècle, de telles réformes avaient déjà été réalisées dans certaines villes. Ainsi, en 1505, l'administration temporelle de l'Hôtel-Dieu de Paris avait été confiée à une commission de huit bourgeois. C'était là affirmer déjà le caractère de service public de l'assistance.

La seconde nouveauté, plus importante encore, sera la création des « aumônes générales » des « Bureaux des pauvres » qui visent à faire disparaître la mendicité en renforçant le potentiel d'assistance des villes. L'afflux des pauvres vers les agglomérations, la disparition d'un grand nombre des petits hôpitaux ruraux du Moyen Age, rendent d'ailleurs cette tâche urgente. A partir des années 1525-1530, les villes organisent des Bureaux des pauvres qui ont pour objet de centraliser les ressources, de distribuer des secours après avoir recensé les pauvres et, bien entendu, d'empêcher la mendicité. Souvent, de telles entreprises ont commencé très modestement, sous la forme de l'institution d'une taxe pour les pauvres, par exemple; puis, quelques années après, l'organisme nouveau prend forme. Dès la première moitié du siècle, de tels Bureaux des pauvres existent, au moins en fait, dans des villes comme Dijon, Troyes, Amiens, Poitiers, Rouen, où ils ont une organisation comparable. Ils procèdent d'un souci d'ordre, et leur première tâche est d'enregistrer les pauvres, parfois même de leur imposer le port d'une marque distinctive. Les invalides reçoivent des secours en pain, distribués régulièrement et dans l'ordre, ce qui rompt délibérément avec les distributions faites à la porte des couvents, qui donnaient lieu si souvent à des rixes. Tous ceux qui peuvent travailler doivent le faire. Les mendiants valides doivent trouver du travail. S'ils n'en trouvent pas on les emploiera de force à des travaux publics de voirie – de fortifications par exemple. Les enfants sont mis en apprentissage; parfois même, des ateliers sont créés à leur intention.

Toutes ces mesures ont pour but de faire disparaître la mendicité. Des « bedaux », « chasse-pauvres » ou « chasse-coquins », constituent une sorte de milice privée des Bureaux des pauvres. Elle est chargée d'arrêter les pauvres du lieu qui mendient, et de reconduire jusqu'aux portes de la ville les pauvres forains.

Le XVIe siècle a donc renié les options du Moyen Age. L'assistance aux pauvres se déploie désormais dans une organisation administrative qui se veut rigoureuse. Les mesures restent pourtant hésitantes car les sentiments anciens subsistent, attachés aux droits sacrés du pauvre, intercesseur privilégié. Les offensives dirigées contre les mendiants n'empêchent nullement des pratiques comme le choix de parrains parmi les pauvres, ou l'élection de sépultures dans le cimetière des pauvres. Un prêtre champenois, Claude Haton, analyse dans ses *Mémoires* le sermon d'un prédicateur qui dénonce :

> « un tas de gros gueux et marauls quil dist n'avoir cure de besaugner en quelque sai-

> son que ce feust... et que c'estait mal faict aux gens de justice de laisser une telle racaille de gens, et qu'ils les debvaient faire pendre ou du moins les envoyer ès gallées sur la mer pour le service du Roy. »

Le mémorialiste s'empresse alors d'ajouter qu'il réprouve cette attitude et que le prédicateur dut, dès le dimanche suivant, préciser qu'il distinguait pauvres et fainéants parce que la foule menaçait de lui faire un mauvais parti. Et comme ce prédicateur meurt dans l'année, Claude Haton n'est pas loin de penser qu'il s'agit d'une punition divine. Plus loin, il raconte d'ailleurs que les autorités de Troyes chassèrent les pauvres hors de la ville, mais que peu de jours après,

> « la maladie et mortalité se meirent sur eux si rudement qu'ilz ne savaient où se tenir en sûreté, et... dist-on que telle mortalité leur estait envoyée de Dieu, en punition du déchassement de leurs pauvres [1] ».

Ces exemples, menus mais significatifs, disent assez que la conception des pauvres comme « membres souffrants de Jésus-Christ » reste largement partagée. La pauvreté est voulue par Dieu, et les pauvres sont sous la protection divine.

1. C. Haton, *Mémoires*. F. Bourquelot, Paris, 1857, T. II, pp. 718 à 721 et 728-729.

Pour se dégager de cette gangue humaniste qui paralyse peu ou prou la législation répressive, des « solutions » pionnières vont être avancées vers les années 1580. Plus radicales, elles proposent de séparer rigoureusement les pauvres de la société.

L'idée que l'on peut déporter les pauvres aux colonies apparaît, mais avec timidité, sans doute en raison des sentiments populationnistes d'une Europe mercantiliste. En France, un auteur comme la Popellinière pense qu'une expansion dans les terres australes pourrait notamment servir à purger l'Etat de « ses mauvaises humeurs » [1]. Pour La Mothe le Vayer, « c'est une chose constante qu'un puissant Etat a besoin souvent de certaines décharges telles qu'étaient celles de colonies grecques et romaines pour être soulagé de ce qui l'incommode au dedans, soit en quantité, soit en qualité » [2].

Les parlements prescrivent pour l'heure l'internement des vagabonds dans les prisons, mais seul l'internement dans des bâtiments spéciaux donne de bons résultats. A Paris, le Grand Bureau des Pauvres s'applique, dès 1554, à enfermer dans l'hôpital Saint-Germain « les vieils et decrepitz, et autres pauvres incorrigibles ou invalides et impotens ».

1. La Popellinière, *Les Trois Mondes*. Paris, 1582, p. 38.
2. La Mothe le Vayer, *Oeuvres*. Paris, 1585, T. I., 2e partie, p. 312.

Par manque d'argent, le projet devra s'arrêter, mais l'idée en France est partout en germe.

Le problème des errants – souvent assimilés à des brigands – reste entier à la fin du XVIe siècle. Les autorités ont eu beau conjuguer dans leurs luttes contre la mendicité assistance et répression, enfermement et expulsion, les problèmes du paupérisme ne sont nullement résolus. Mais des choix ont été opérés. L'Etat a décidé de voir dans le paupérisme un problème d'ordre public. Le XVIIe siècle optera de plus en plus pour les maisons de travail (et de correction) et les hôpitaux généraux. Il s'agira alors de socialiser de force les marginaux, qui parfois préfèreront les galères à ces lugubres prisons.

Cette croyance, profonde et durable, limitera bon nombre d'œuvres de charité.

CHAPITRE 4

LA NÉCESSAIRE BONNE CONSCIENCE

« Les grands et les puissants seront tourmentés puissamment. »

Parole de l'Evangile

A. *Naissance d'un service public centralisé d'assistance*

Partout en Europe occidentale, depuis le début du XVIe siècle, l'Etat et les municipalités se préoccupent du paupérisme. On institue des taxes d'assistance, on centralise les collectes, on organise des ateliers de charité. Très rapidement, les magistrats envisagèrent l'internement des invalides, des « incorrigibles », puis celui de tous les nécessiteux, les hôpitaux généraux devenant de vastes ateliers quasi monastiques, où les uns subiraient la punition de leur paresse, et où les autres recevraient, avec les fruits de leur travail, les moyens du salut. A Paris, en 1611 et 1612, la Régente ordonna l'enfermement des pauvres valides et des incurables. Le règlement donné aux premiers prévoyait que les hommes brasseraient de la bière, scieraient du bois, « battraient » du ciment, et que les femmes feraient des bas d'estame et des boutons. Le travail devait durer en été de 5 heures du matin à 7 heures le soir, le dimanche étant réservé à l'office religieux et à la prédication. La taxe des pauvres et les collectes dans les églises assureraient, espérait-on, l'entretien des hôpitaux.

Ces décisions instituaient donc une sorte de service public et centralisé de la charité, et substituaient aux dons individuels l'assistance collective. On exaltait toujours l'aumône, mais plus la pauvreté, que l'on cachait dans des prisons. Mais, on l'a dit, l'insuffisance des moyens financiers et la résistance des intéressés firent échouer cette première tentative.

Au lendemain de la Fronde, le projet fut repris. Débattu d'abord par les dames de la Charité, puis par la Compagnie du Saint-Sacrement, il aboutit à l'édit de mars 1656 supprimant la mendicité. La Pitié, la Salpêtrière, Bicêtre et la Savonnerie furent choisis pour loger les mendiants, et accueillirent 4 000 à 5 000 indigents. Cette solution était bien conforme à l'esprit absolutiste du nouveau règne. Les souvenirs de la Fronde justifiaient la méfiance de la royauté et le choix d'une mesure préventive. L'Etat et l'Eglise considéraient également d'un œil de plus en plus soupçonneux l'intervention des laïcs dans les questions publiques ou religieuses, et l'organisation d'un service de l'assistance leur permettait de mieux encadrer l'activité des groupes dévôts.

Mais l'adoption de ces mesures rigoureuses n'alla pas sans susciter des résistances et des polémiques, qui ont le mérite de révéler les divisions et les hésitations de l'opinion. Dans son *Discours sur l'Etablissement de l'Hôpital général*, Godeau, évêque de Vence, reconnaît que « des gens raisonnables condamnent l'entreprise comme cruelle, indiscrète et impossible dans son exécution... croyant que c'est violer toutes les lois de l'humanité que d'enfermer des hommes... ôtant la liberté d'aller où l'on veut, faisant travailler par force ceux que l'on renferme, et traitant en esclaves ceux qui sont nés libres par leur naissance et ont été délivrés par l'Evangile [1] ».

Vincent de Paul lui-même semble avoir considéré l'entreprise avec quelque appréhension. Il aurait certainement préféré que l'on procédât par étapes et sans contrainte, et il refusa plus tard d'engager les prêtres de la mission dans l'aumônerie de l'Hôpital général.

Les arguments utilisés pour vaincre ces réticences méritent aussi de retenir l'attention. Les uns insistent sur la turpitude morale des pauvres et des mendiants, sur leur ignorance de la religion : « rien n'était si profane, ni si abominable que la plupart des pauvres dans la ville de Paris, c'était comme une

1. A. Godeau, *Discours sur l'Etablissement de l'Hôpital général*, 1657, p. 51.

nation monstrueuse dans l'Eglise. Beaucoup n'étaient pas baptisés... ils ne sortaient pas des églises, mais n'y priaient jamais, ils ne fréquentaient point les sacrements... et vivaient dans toutes sortes d'abominations, avaient beaucoup d'enfants et faisaient peu de mariages ». Ce n'est donc pas ôter la liberté aux pauvres que de les renfermer, « c'est leur ôter le libertinage, l'athéisme et l'occasion de se damner [1] ».

De la description de ces vices on passe facilement à l'idée que les pauvres sont les responsables de leurs misères, que leur fainéantise, leur imprévoyance, les ont plongés dans le dénuement : « c'étaient des fainéants qui, au lieu de servir leur pays en travaillant ou en allant à la guerre, demeuraient dans une oisiveté honteuse, ou faisaient un métier de gueuserie [2]. » Mais s'ils se nuisaient à eux-mêmes, ils étaient aussi dangereux pour la société, suscitant les troubles, soutenant la rébellion : « Ils servaient souvent aux voleurs pour entrer dans les maisons, où on leur faisait la charité, ils étaient larrons eux-mêmes... dans les derniers mouvements qui ont agité la ville de Paris, ils étaient des gens tout prêts à former la sédition, et à piller les maisons des riches [3]. »

1. A. Godeau, *Op. cit.*
2. ibid, p. 36.
3. ibid.

A ces préjugés et ces accusations, le roi donne la caution de son autorité souveraine. Son édit de 1656 attribue au dérèglement des mœurs les progrès du paupérisme et de la mendicité :

> « Le mal s'étant encore accru par la licence publique... le libertinage des mendiants est venu jusqu'à l'excès, par un malheureux abandon à toutes sortes de crimes, qui attirent la malédiction de Dieu sur les Etats, quand ils sont impunis, l'expérience ayant fait connaître aux personnes qui se sont occupées de ces charitables emplois, que plusieurs d'entre eux, de l'un à l'autre sexe, habitent ensemble sans mariage, que beaucoup de leurs enfants sont sans baptême, et qu'ils vivent presque tous dans l'ignorance de la religion, et le mépris des sacrements. »

Isoler les individus, les vagabonds, les retrancher de la société civile, c'est donc éloigner d'un corps sain les éléments de la corruption et le scandale. La monarchie absolue et l'Eglise ne veulent plus tolérer cette population clochardisée, dont le Moyen Age s'était, semble-t-il, mieux accommodé. La Reynie détruit la Cour des Miracles, et le clergé entend délivrer les églises des quémandeurs qui troublaient les offices et importunaient les fidèles. Certes, les mendiants et les vagabonds n'ont jamais constitué, pas plus hier qu'aujourd'hui, un « milieu édifiant ». Mais cette législation répressive s'adresse identiquement aux gueux et aux indigents, réduits à la misère par le chômage ou la cherté.

Parce qu'ils n'analysent pas les origines du paupérisme, les textes ne distinguent jamais entre le paysan ruiné par la guerre, l'usure ou l'impôt, l'artisan sans travail, le « bélître » ou le « caïman ». L'Etat absolutiste ignore, ou affecte d'ignorer, la complexité des situations sociales. L'abstraction de la culture classique n'est pas ici sans signification, et entretient la bonne conscience des notables.

B. *La charité convenable et digne*

L'effort spirituel du catholicisme, au lendemain du Concile de Trente, s'est par ailleurs associé partout au plus strict conformisme social. A aucun moment il ne pouvait être question pour lui de nier ou d'ébranler les hiérarchies civiles, et cela donna dès le départ un caractère particulier à son œuvre d'assistance. En ce domaine, comme en tant d'autres, saint François de Sales avait fixé les objectifs et les limites. Les chapitres 14 et 15 de son *Introduction à la vie dévote* enseignent comment il faut conserver ou accroître ses biens temporels, tout en pratiquant la pauvreté d'esprit : « ... ainsi, pouvez-vous avoir des richesses sans être empoisonné par elles, si vous les avez en votre maison ou en votre bourse, et non pas en votre cœur. Etre riche en effet et pauvre d'affection, c'est le grand bonheur du chrétien car il a par ce moyen les commodités des richesses pour ce monde, et le mérite de la pauvreté pour l'autre. » L'*Introduction* enseigne aussi le devoir d'aumône, mais d'une aumône nullement égalisatrice des conditions : « s'il faut chaque jour quitter quelque partie de ses moyens, en la donnant aux pauvres... il est vrai que Dieu le rendra, non seulement en l'autre monde, mais en cestui, car il n'y a rien qui fasse tant prospérer temporellement que l'aumône [1] ». Un demi-siècle plus tard, l'évêque de Vence explique plus brutalement cette pensée : « ... je ne vous demande pas de vous incommoder pour faire vivre les pauvres de l'Hôpital général dans l'abondance et l'oisiveté, mais je vous conjure de considérer qu'il doit y avoir quelque proportion entre vous et eux... Les pauvres étant nés tels, ou réduits à cette condition par l'ordre de la providence, ne doivent pas songer à vivre abondamment ni délicieusement... le mauvais riche de l'Evangile va aux enfers, non parce qu'il n'a pas fait manger avec lui le pauvre, mais parce qu'il ne lui a pas donné les miettes qui tombaient sur la table [2] ». Certaines gravures d'Abraham Bosse semblent illustrer à la perfection cette charité de convenance sociale. On y voit des gens honnêtes et distingués assister à la distribution d'aumô-

1. Saint François de Sales, *Introduction à la vie dévote*, 3e partie, p. 29 et 32.
2. A. Godeau, *Discours sur l'Etablissement de l'Hôpital général*, op. cité, p. 73 et 82.

nes, qu'effectue leur servante. Les pauvres apparaissent reconnaissants et respectueux à souhait, la servante modeste dans son rôle d'intermédiaire, et les charitables dignes et satisfaits, comme il convient.

C. *Les détournements d'assistance*

L'Eglise, sur les plaintes nombreuses formées contre la gestion des biens de l'assistance hospitalière par le clergé, avait averti officieusement ses membres. Les conciles de Vienne et de Trente avaient tenté une sage distribution dans les divers offices de l'assistance : aux religieux le service des pauvres, aux prêtres la conduite des âmes, aux laïcs la gestion des biens. En vain. Les abus croissaient chaque jour. Après les avoir signalés avec fermeté, on les attaqua avec résolution. François Ier, sur les plaintes du cardinal de Meudon, grand aumônier, attribua d'abord la surveillance des maladreries et léproseries à l'autorité civile, avec faculté de remplacer les administrateurs. Deux ans plus tard, voyant l'impudente déprédation des revenus, les hôpitaux, convertis en véritables bénéfices, jouissant de leur exemption de toutes charges sans remplir aucune des conditions de leur établissement, au grand dommage des villes qui s'épuisaient en impôts pour satisfaire à l'aumône, François Ier étendit cette mesure à tous les hôpitaux du royaume.

Il fallut un troisième édit (1546) pour vaincre l'espèce de coalition qu'avaient formée le clergé détenteur et les seigneurs, protecteurs intéressés de ces bénéfices, dont ils réclamaient pour eux la surveillance, comme celle d'un patrimoine destiné d'ordinaire à leur fils cadet.

La lutte continua avec les rois Henri II et Charles IX, lequel se déclarait le « vrai conservateur des biens des pauvres ». Henri III renouvelle en 1586 ces règlements administratifs; Henri IV, à deux reprises, est obligé de créer une Chambre de charité chrétienne, et Louis XIII, une Chambre générale de réformation, en 1612, avec mission de réviser l'administration charitable et d'en extirper les scandales, ce que ni l'une ni l'autre chambre ne purent faire. Il y eut procès dans presque toutes les villes entre la municipalité et les communautés religieuses ou les ecclésiastiques administrateurs des maisons de charité.

Le procès de Reims est exemplaire[1]. Il oppose les lieutenants, gens de conseils et échevins de Reims, aux religieux de la commanderie de Saint-Antoine de Viennois, à ceux de Saint-Rémy, de Saint-Nicaise et de Saint-Denis de Reims, et aux aumôniers de Saint-Laurent et de Sainte-Catherine. La ville

1. *Recueil de pièces tant imprimées que manuscrites.* B.N. L 1041.

demande la possession de ces établissements religieux, ou au moins l'assistance de deux échevins et du substitut du procureur à la reddition des comptes. Elle prouve que dans l'hôpital de Saint-Antoine de Viennois, sous prétexte de n'entretenir que des malades du feu Saint-Antoine, la maison n'en a pas un seul depuis quarante ans et emploie le bien de l'hôpital pour les intérêts de l'ordre. Les religieux de Saint-Denis et l'aumônerie de Sainte-Catherine, qui devaient dépenser une partie de leurs revenus à l'éducation de sept enfants orphelins, à l'entretien d'un maître et d'une servante pour les conduire, et le surplus à la nourriture et aux habitations des pauvres de la ville, apportent même négligence dans l'accomplissement de ces deux devoirs, et confisquent ainsi au profit de l'ordre un revenu de 2 000 livres.

Ceux de Saint-Rémy sont allés encore plus loin. Depuis plus de trente ans, pour avoir prétexte de fermer leurs portes aux pauvres, ils ont ôté les lits de l'Aumônerie. Pendant ce temps, la ville succombe sous les charges, et ne peut suffire aux dépenses de la maison de charité qu'elle avait élevée en 1633; dans un seul hôpital, qui pouvait contenir vingt malades au plus, depuis janvier 1652 jusqu'en juillet 1653, pendant dix-huit mois, elle en eut jusqu'à cinquante trois!

Un homme va tenter de s'opposer à cette évolution : Vincent de Paul. Diplomate « à la façon de Dieu », sans autre but que de servir « la bonne cause du ciel », Monsieur Vincent sera « misérable », distrait de toutes visées matérielles.

S'il entreprend sa croisade c'est afin d'éveiller l'humanité, avec la France, au goût de biens plus précieux que ceux de l'ordre temporel.

DEUXIÈME PARTIE

MONSIEUR VINCENT

CHAPITRE 5

ENFANCE, ETUDES, ERRANCES

> « Etant petit garçon, comme mon père me menait avec lui dans la ville, j'avais honte d'aller avec lui et de le reconnaître pour mon père, parce qu'il était mal habillé et un peu boiteux. »
>
> Vincent de Paul

A. *Le pâtre du pays landais*

Vincent de Paul, ou Depaul, naquit le 24 avril 1581 au hameau de Ranquines, dépendant du village de Pouy [1], près de la ville de Dax; on admet généralement que la particule que des biographes zélés lui ont attribuée désigne plus probablement la référence à un lieu-dit qu'elle ne suppose un titre de noblesse, mais qu'importe?

En cette fin du XVIe siècle, les Landes n'avaient pas la physionomie que leur donnèrent en quelques décennies les travaux décidés deux siècles plus tard à l'initiative de Nicolas Brémontier [2] : c'était, d'après les récits, une vaste région gorgée des eaux multiples de l'Adour

1. Une ordonnance royale du 3 décembre 1628 donna le nom de Vincent de Paul à ce village, situé sur les bords de l'Adour.
2. Nicolas Brémontier (1738-1809) organisa la fixation des dunes sableuses par des semis de pins, de genêts et d'oyats, en même temps qu'un drainage régulier asséchait les marais et permettait de fixer forêts et cultures.

et du Gave de Pau, marécages mouvants d'où émergeaient prairies et forêts de taillis, aux limites indécises. Il paraît qu'aux franges de la Chalosse, la paroisse de Pouy entretenait de larges pâturages : l'élevage, quelques cultures de céréales d'autosubsistance et les revenus aléatoires tirés du passage des pèlerins de Saint-Jacques de Compostelle constituaient l'essentiel sur quoi reposait une économie succincte.

Dans cette aimable région, on ne connaissait pas la misère si l'on avait le bonheur d'échapper quelque temps aux passages des gens d'armes. On mangeait sans doute maigre, au hameau de Ranquines, mais on mangeait fréquemment des céréales, fondement de l'alimentation paysanne d'alors.

« Au pays dont je suis, on est nourri d'une petite graine appelée millet, que l'on met à cuire dans un pot : à l'heure du repas, elle est versée dans un vaisseau, et ceux de la maison viennent autour prendre leur réfection, et après ils vont à l'ouvrage [1]. » Il est probable qu'à l'occasion des fêtes, ou les dimanches, quelques morceaux de lard ou quelques volailles enrichissaient le pot, comme le souhaitait le bon roi Henri.

Vincent est le troisième d'une famille de six enfants, quatre garçons et deux filles, qui

1. Vincent de Paul, cité par Pierre Coste, *Monsieur Vincent* (Desclée de Brouwer, 1932).

habitait une maison basse à poutraison serrée, composée de quelques pièces exiguës prolongées d'une étable qui communiquait sans doute à hauteur d'homme avec la salle commune du ménage : les bêtes, quelques vaches et quelques porcs, faisaient partie de la famille.

« A bien parler de moi, il faudrait dire que je suis fils d'un laboureur, qui ai gardé les pourceaux et les vaches, et ajouter que cela n'est rien au prix de mon ignorance et de ma malice[1]. » Nulle affectation d'humilité dans ces lignes, simplement le rappel d'une enfance paysanne partagée avec ses frères et sœurs, et tous les garnements qui, dans son pays, galopaient sur leurs échasses et « paissaient » des troupeaux. L'enfance ordinaire du jeune Vincent prend fin lorsque son père se met en tête de lui faire apprendre le latin, comme s'il avait pressenti que ce fils-là n'était pas destiné à lui succéder. Sans avouer d'ambitions excessives, il est probable que le père de Vincent n'ignorait pas qu'introduire un de ses fils dans le domaine des livres et des écritures pouvait le mener à une situation respectable. Sans doute l'aimait-il tendrement, assez pour s'appauvrir afin de le faire entrer au collège de Dax, où l'on apprenait du bon latin et, dans le même temps, du bon français.

1. *Ibid.* (voir p. 120).

Apprendre le latin, pour un fils de paysan, c'était se destiner au sacerdoce; Vincent – pas davantage que ses proches – ne pouvait l'ignorer. Il parut très jeune accueillir sa vocation, et le 20 décembre 1596, à quinze ans, Vincent de Paul reçut la tonsure et les ordres mineurs.

B. *Un étudiant de pieuse tournure*

Monsieur Depaul ne se satisfaisant pas pour Vincent de la médiocrité qui accompagnait la situation de prêtre de campagne, il prévoit qu'il lui faudra poursuivre des études et, pour y pourvoir – sacrifice ultime pour un paysan! – sacrifie une paire de bœufs à l'entretien du futur prêtre, qu'il ne reverra sans doute pas après son départ pour Toulouse [1].

Vincent résidera pendant sept ans à l'Université de Toulouse. L'argent tiré de la vente des bœufs ayant été peu à peu épuisé, malgré la restriction qu'il s'imposa aux seules dépenses inévitables, il a, pour assurer son entretien, ouvert et exploité, d'abord du côté de Buzet, puis à Toulouse même, une sorte de pension pour étudiants riches en retard de scolastique, petit établissement qui connut un certain succès.

1. Il meurt en février 1598 et son testament prévoit que son fils Vincent devra « être entretenu aux études selon la portée de la succession ».

Après avoir reçu le sous-diaconat en septembre 1598, puis le diaconat en décembre 1599, il est en 1600 bachelier en théologie et licencié en droit canonique. Il est difficile d'évaluer ce que sanctionnaient ces diplômes obtenus à vingt ans, au terme de sept années qui paraissent avoir été des années d'efforts opiniâtres. En septembre 1600, il est ordonné prêtre par l'évêque de Périgueux, mais c'est à Buzet qu'il va célébrer sa première messe. Il s'installe ensuite quelque temps à Toulouse où il poursuit ses travaux dans l'attente d'être affecté au service d'une paroisse. Or, curieusement, cette affectation entraînera le jeune prêtre dans une première aventure.

En 1601, l'évêque de Dax l'informe en même temps de sa nomination à la cure de Thil, dans les Landes, et des difficultés soulevées par un certain Soubès qui prétendait tenir de Rome les bénéfices attachés à cette cure. De façon surprenante, Vincent de Paul quitte Toulouse, les cours qu'il suit et ceux qu'il continue de donner, et il part à Rome pour tenter d'y défendre, d'ailleurs sans résultat, ce qu'il considère comme ses droits. Il passe quelques mois à Rome – séjour qui contribue sûrement à élargir ses horizons – puis, sans s'attarder sur ses déconvenues, rejoint la France et ses tâches ordinaires.

Une autre occasion l'arrachera à ses livres et à ses cahiers, sans doute en 1604, et pour plusieurs années, écartant définitivement de lui le destin de prêtre du sud-ouest auquel il était préparé. L'aventure, imprévisiblement romanesque, mérite d'être contée.

C. *Singulières errances*

Une excellente femme qui avait pris Vincent en affection mourut cette année à Toulouse et l'institua héritier de tout son bien, lequel consistait principalement en une créance de plusieurs centaines d'écus sur un débiteur défaillant résidant à Marseille. Peut-être pour honorer sa bienfaitrice en respectant ses dernières volontés, peut-être aussi car cet héritage était le bienvenu pour Vincent, très dépourvu de toutes ressources, il prend la route de Marseille où, après quelques moments d'inhabituel intérêt, il rejoint son homme et s'accommode avec lui pour quelques trois cents écus.

L'affaire devait se terminer là; l'aventure commence lorsqu'il se laisse convaincre par un gentilhomme languedocien rencontré par hasard de préférer la route de mer pour rentrer par Narbonne au prix d'une moindre dépense. Vincent a raconté l'épisode dans deux lettres à un ami [1] :

> « Je m'embarquai donc pour Narbonne, afin d'y être plus tôt et pour épargner; ou

1. Lettres adressées à Monsieur de Comet, d'Avignon le 24 juillet 1607, et de Rome le 28 février 1608.

pour mieux dire, pour n'y jamais être et pour tout perdre. Le vent nous fut aussi favorable qu'il fallait, si Dieu n'eût permis que trois brigantins turcs qui côtoyaient le golfe du lion pour attraper les barques qui venaient de Beaucaire, où il y avait une foire que l'on estime des plus belles de la chrétienté, ne nous eussent donné la charge, et attaqué si vivement, que deux ou trois des nôtres étant tués et tout le reste blessé (et moi-même eus un coup de flèche qui me servira d'horloge tout le reste de ma vie), n'eussions été contraints de nous rendre à ces brigands. Les premiers éclats de leur rage furent de hacher notre pilote en mille pièces, pour avoir perdu l'un des leurs, outre quatre ou cinq forçats que les nôtres tuèrent : cela fait ils nous enchaînèrent, et après nous avoir grossièrement pansés, ils poursuivirent leur pointe, faisant mille voleries, accordant néanmoins la liberté à ceux qui se rendaient sans combattre, après les avoir volés. Enfin, chargés de marchandises, au bout de sept à huit jours ils prirent la route de la Barbarie, tanière et caverne des voleurs sans aveu du Grand Turc, où étant arrivés ils nous mirent en vente, avec un procès verbal de notre capture, qu'ils disaient avoir été faite sur un navire espagnol, parce que, sans ce mensonge, nous aurions été délivrés par le consul que le roi tient en ce lieu-là pour rendre libre le commerce aux Français.

« Leur procédure à notre vente fut qu'après nous avoir dépouillés, ils nous donnèrent chacun une paire de caleçons, un hoqueton de lin, avec une bonnette, et nous promenèrent par la ville de Tunis, où ils étaient venus expressément pour nous vendre. Nous ayant fait faire cinq ou six tours par la ville, la chaîne au col, ils nous ramenèrent au bateau afin que les marchands vinssent voir qui pouvait bien manger, et qui non, et pour montrer que nos plaies n'étaient pas mortelles. Cela fait ils nous ramenèrent sur la place, où les marchands nous vinrent visiter tout de même que l'on fait à l'achat d'un cheval ou d'un bœuf, nous faisant ouvrir la bouche pour voir nos dents, palpant nos côtes, sondant nos plaies, et nous faisant cheminer le pas, trotter ou courir, puis lever des fardeaux, et puis lutter pour voir la force d'un chacun et mille autres sortes de brutalités.

« Je fus vendu à un pêcheur, qui fût contraint de se défaire bientôt de moi pour n'avoir rien de si contraire que la mer; puis à un médecin spagirique, souverain tireur de quintessence, homme fort humain et traitable, lequel à ce qu'il me disait avait travaillé cinquante ans à la recherche de la pierre philosophale. Il m'aimait fort, et se plaisait à me discourir de l'alchimie, et aussi de sa Loi, à laquelle il faisait tous ses efforts pour m'attirer, me promettant force richesses et tout son savoir. Dieu opéra toujours en moi une certitude de délivrance par les assidues prières que je lui faisais, et à la Vierge Marie par la seule intercession de qui je crois avoir été fermement délivré. »

Vincent resta un an au service du vieil alchimiste savant qui n'ignorait rien de la géométrie et de la médecine; lorsque le vieillard mourut, l'esclave échut à l'un de ses neveux, qui le revendit à un prêtre renégat qui l'emmena dans la montagne où il exploitait quelques terres, et trois femmes :

« L'une des trois femmes qu'il avait était Grecque chrétienne, mais schismatique; une autre était Turque qui servit d'instrument à l'immense miséricorde de Dieu pour tirer son mari de l'apostasie et le remettre au giron de l'Eglise, et me délivrer de mon esclavage. Curieuse qu'elle était de notre façon de vivre, elle venait me voir tous les jours aux champs, où je travaillais; et un jour elle me commanda de chanter les louanges de mon Dieu : le ressouvenir du *Quomodo cantabimus in terra aliena* des enfants d'Israël captifs en Babylone me fit commencer la larme à l'œil le psaume *Super flamina babylonis*, et puis le *Salve regina* et plusieurs autres choses; en quoi elle prenait tant de plaisir que c'était merveille : elle ne manqua pas de dire à son mari, le soir, qu'il avait eu tort de quitter sa religion, qu'elle estimait extrêmement bonne pour un récit que je lui avais fait de notre Dieu, et quelques louanges que j'avais chantées en sa présence; en quoi elle disait avoir ressenti un tel plaisir, qu'elle ne croyait pas que le paradis de nos pères fut si glorieux, ni accompagné de tant de joie...

« Cette femme, comme un autre Caïphe, ou comme l'ânesse de Balaam, fit tant par ses discours que son mari me dit, dès le lendemain, qu'il ne tenait qu'à une commodité que nous nous sauvassions en France, mais qu'il y donnerait tel remède qu'en peu de jours Dieu en serait loué.

« Ce peu de jours dura dix mois qu'il m'entretint en cette espérance, au bout desquels nous nous sauvâmes sur un petit esquif et nous rendîmes le 28 de juin 1607 à Aigues-Mortes, et aussitôt après en Avignon, où Monsieur le Vice-légat reçut publiquement le renégat avec la larme à l'œil et le sanglot au cœur, dans l'église de Saint-Pierre, à l'honneur de Dieu et pour l'édification des assistants. Mondit seigneur vice-légat nous a retenus tous deux pour nous mener à Rome, où il s'en va tout aussitôt que son successeur sera venu. »

Il est probable que le vice-légat, fasciné par les récits de science barbaresque, de recettes médicales et de géométrie, multipliait les promesses de belles paroisses à Vincent, dont il s'était institué le protecteur. Qu'importe?

A Rome, réelle capitale de l'occident, Vincent se réjouit de « marcher sur une terre où avaient marché tant de saints et de martyrs ». Il étudie les arts et l'italien, renforce ses connaissances en théologie, chemine et séjourne sans se lasser dans les monuments et les églises. Bref il ne fait pas fortune à Rome, et n'en retire aucun bénéfice lorsque, sur les instructions de son protecteur, il se trouve investi d'une mission diplomatique dont l'histoire ne paraît pas avoir décelé l'intérêt, porteur d'un message du pape Paul V pour le roi Henri IV, dont le contenu est resté ignoré.

L'important réside dans la rencontre entre le jeune prêtre des Landes et le roi Béarnais, émouvant clin d'œil de l'histoire. Car c'est Henri IV qui nomme Vincent de Paul aumônier de la reine Margot.

CHAPITRE 6

LA COUR, LE PEUPLE DES FAUBOURGS, LE PEUPLE DES CHAMPS ET LE PEUPLE DES GALÈRES

« C'est une chose connue, et la Sainte Ecriture le dit, que la voix du peuple est la voix de Dieu. »

N. Gogol
(Tarass Boulba)

A. *La Cour*

En 1609, la reine Margot, Marguerite de Valois, est une souveraine qui ne régne plus. Fille d'Henri II et de Catherine de Médicis, sœur de François II, Charles X et Henri III, auquel l'unit un temps une incestueuse tendresse, c'est la princesse la plus célèbre d'Europe; elle a épousé Henri de Navarre qui la répudia en 1599, le mariage étant annulé par convenance royale. Depuis, elle a multiplié les aventures scandaleuses, qui lui valurent d'être reléguée en Auvergne, à Carlat d'abord, près d'Aurillac, puis à Usson.

Etonnante de contrastes violents, c'est sans doute la dernière princesse de la Renaissance : confite en dévotions le matin (on raconte qu'en son automne, elle entendait deux fois la messe chaque jour pour fortifier sa vertu), elle sacrifiait ardemment à sa sensualité en soirée, aussi prompte et généreuse à faire construire des oratoires qu'à meubler d'innombrables boudoirs où accueillir les cavaliers de preste tournure qui se disputaient ses faveurs. Accueillante aux arts et aux lettres, elle même très raffinée et de grande culture, elle rayonnait au milieu de ses admirateurs, parmi lesquels Malherbe, Régnier et Montaigne, qui lui dédia l'apologie de Raymond Sebond, sans doute en 1576[1].

A cette Cour remuante et brillante, Vincent de Paul gagna sans doute davantage l'intimité des poètes que celle de la reine, qu'il approcha souvent mais dont il ne fut ni le confident ni le confesseur. En ces temps, d'ailleurs, l'aumônier était fonctionnaire, et parmi les plus modestes, chargé de distribuer les aumônes, ce qui constituait assurément un emploi subalterne.

Sans doute se serait-il installé dans les convenances s'il n'avait régulièrement visité l'hôpital des frères de Saint-Jean de Dieu qui se trouvait en face de l'hôtel de la reine Margot, fréquentant soigneusement la maladie et la pauvreté, jusqu'à les respecter, et s'il n'avait fréquenté tout aussi régulièrement un jeune ecclésiastique d'un grand mysticisme, Pierre de Bérulle, qui sera son directeur de conscience. Etonnante et double découverte simultanée que l'exercice de la pauvreté à l'hôpital et l'exercice de la spiritualité auprès de Bérulle, dont Bossuet écrivit :

1. Montaigne, *Les Essais*. Editions Flammarion, 1969. Livre II.

« C'était un homme vraiment illustre et recommandable, à la dignité duquel j'ose dire que la pourpre romaine n'a rien ajouté, tant il était déjà relevé par le mérite de sa vertu et de sa science et commençait à faire luire à toute l'Eglise gallicane les lumières les plus pures et les plus sublimes du sacerdoce chrétien et de la vie ecclésiastique. [1] »

C'est en mai 1612, à l'initiative de Bérulle, que Vincent de Paul fut désigné à la cure de Clichy, alors paroisse de quelques centaines d'âmes assemblées à une lieue au nord de Paris en un vaste village aux maisons clairsemées.

« J'ai été curé des champs... j'avais un si bon peuple, et si obéissant à faire ce que je lui demandais que, lorsque je leur dis qu'il fallait venir à confesse les premiers dimanches du mois, ils n'y manquaient pas. Ils y venaient, et se confessaient, et je voyais de jour en jour le profit que faisaient ces âmes. Cela me donnait tant de consolations, et j'en étais si content que je me disais à moi-même : mon Dieu! que tu es heureux d'avoir un si bon peuple! Et j'ajoutais : je pense que le pape n'est pas si heureux qu'un curé au milieu d'un peuple qui a si bon cœur. Et un jour que Monsieur le Cardinal de Retz me demandait : Eh bien!

1. Bossuet, *Oeuvres complètes,* volume XII.

Monsieur, comment êtes-vous? Je lui répondis :

– Monseigneur, je suis si content que je ne vous le puis dire.

– Pourquoi?

– C'est que j'ai un si bon peuple, si obéissant à ce que je lui dis que je pense en moi-même que ni le Saint Père, ni vous, Monseigneur, n'êtes si heureux que je le suis. »

Pourtant l'heureux curé resta peu à Clichy : moins d'un an après son arrivée, Bérulle, qui dirigeait sa conscience et sa vie, le priait de confier sa paroisse à un vicaire et l'invitait à prendre les fonctions de précepteur chez Philippe-Emmanuel de Gondi, descendant de grands banquiers florentins, comte de Joigny, marquis des Iles d'Or [1], baron de Montmirail et de Dampierre, lieutenant-général du roi aux armées du Levant et général des galères.

B. *Folleville et Châtillon-les-Dombes*

En fait, à Montmirail, chez les Gondi en qualité de précepteur, Vincent de Paul s'occupera peu de l'éducation de ses élèves. Aumô-

1. Les Iles d'Or, aujourd'hui, îles d'Hyères.

nier de la reine Margot, Vincent était fonctionnaire subalterne, dévoué à l'administration des aumônes; précepteur des enfants de la puissante famille de Gondi, il est un serviteur qui doit se consacrer aux études du fils aîné, enseigner le catéchisme aux domestiques et les préparer aux fêtes religieuses. Assez vite cependant, il affirmera un réel ascendant, aussi bien sur le général des galères à la fierté sourcilleuse, dont il obtiendra pourtant qu'il renonce à se battre en duel, que sur Madame de Gondi, dévote et emportée, qui au bout de quelques mois ne peut plus se passer du précepteur de son fils, le consulte à tout propos et finit par lui faire accepter l'honneur de diriger sa conscience. Parcourant avec lui ses immenses domaines, elle l'assiste pour secourir « le pauvre peuple des campagnes », et c'est à sa demande que, le 25 janvier 1617, dans la petite église de Folleville, un village de la Somme, Vincent de Paul fit une prédication pour inviter à la confession générale, seule solution à leur carence, seul remède à leurs plaies, prononçant à cette occasion ce qu'il considérera lui même comme son premier discours missionnaire :

> « Le jour de la conversion de Saint-Paul, qui est le 25, cette dame me pria de faire une prédication en l'église de Folleville pour exhorter les habitants à la confession générale, ce que je fis. Je leur en représentai l'importance et l'utilité, et puis je leur

enseignai la manière de la bien faire; et Dieu eut tant d'égard à la confiance et à la bonne foi de cette dame (car le grand nombre et l'énormité de mes péchés eussent empêché le fruit de cette action), qu'il donna la bénédiction à mon discours; et toutes ces bonnes gens furent si touchées de Dieu que tous venaient pour faire leur confession générale. Je continuai de les instruire et de les disposer aux sacrements et commençai de les entendre, mais la presse fut si grande que, ne pouvant plus y suffire avec un autre prêtre qui m'aidait, Madame de Gondi envoya prier les révérends jésuites d'Amiens de venir au secours... Nous fûmes ensuite aux autres villages qui appartenaient à Madame en ces quartiers-là, et nous fîmes comme au premier. Il y eut grand concours, et Dieu donna partout la bénédiction. Et voilà le premier sermon de la Mission et le succès que Dieu lui donna le jour de la conversion de Saint-Paul : ce que Dieu ne fit pas sans dessein en un tel jour. »

C'est sans doute ce jour-là que s'achève la jeunesse de Vincent de Paul et que commence l'histoire de Monsieur Vincent, qui obtient à trente-quatre ans la responsabilité de la paroisse de Châtillon-les-Dombes pour laquelle il part sans préciser d'adieu à Madame de Gondi, dont il craignait une réaction qui rendît son départ impossible. C'est par une lettre du général des galères que

Madame de Gondi apprit le départ de son précepteur et aumônier :

> « Je suis au désespoir d'une lettre que m'a écrite Monsieur Vincent et que je vous envoie pour voir s'il n'y aurait point encore quelque remède au malheur que ce nous serait de le perdre. Je suis extrêmement étonné de ce qu'il ne vous a rien dit de sa résolution, et que vous n'en ayez point eu d'avis. Je vous prie de faire en sorte par tous moyens que nous ne le perdions pas; car quand le sujet qu'il prend serait bien véritable [1], il ne me serait de nulle considération, n'en ayant point de plus forte que celle de mon salut et de mes enfants; à quoi je sais qu'il pourra un jour beaucoup aider, et aux résolutions que je souhaite plus que jamais pouvoir prendre, et dont je vous ai bien souvent parlé. Je ne lui ai point fait de réponse, et j'attendrai de vos nouvelles auparavant. Jugez si l'entremise de ma sœur de Ragny qui n'est pas loin de lui sera à propos, mais je crois qu'il n'y aura rien de plus puissant que M. de Bérulle : dites lui que, quand bien M. Vincent n'aurait pas la méthode d'enseigner la jeunesse, qu'il peut avoir un homme sous lui; mais qu'en toutes façons je désire passionnément qu'il revienne en ma mai-

1. Dans sa lettre de démission à Monsieur de Gondi, il avait pris prétexte qu'il se sentait « peu de grâce et de capacité pour l'instruction des enfants ».

> son, où il vivra comme il voudra, et moi un jour en homme de bien, si cet homme là est avec moi. »

En attendant les résultats d'éventuelles interventions de la famille de Gondi, Vincent de Paul s'était installé à Châtillon-les-Dombes, en Bugey, à l'intersection de routes menant de Mâcon à Ambérieu et de Bourg à Villefranche, en juillet 1617. Tous les témoignages concordent : la paroisse était moribonde, les chapelains indolents et plus ou moins débauchés, l'activité spirituelle nulle.

Vincent se contenta d'être prêtre : il disait les offices, prêchait, administrait les sacrements (gratuitement, ce qui était devenu rare à Châtillon!), enseignait le catéchisme aux enfants. Son rayonnement était tel qu'en quelques semaines, les villageois avaient repris le chemin de la pratique religieuse, et peu à peu, à l'appel de leur curé, se mirent, comme sans effort, à pratiquer la charité. Vincent raconte :

> « Un dimanche, comme je m'habillais pour dire la Sainte Messe, on me vint dire qu'en une maison écartée des autres, à un quart de lieue de là, tout le monde était malade, sans qu'il restât une seule personne pour assister les autres, et toutes dans une nécessité qui ne se pouvait dire. Cela me toucha sensiblement le cœur. Je ne manquai pas de les recommander au prône avec affection,

et Dieu touchant le cœur de ceux qui m'écoutaient, fit qu'ils se trouvèrent tous émus de compassion pour ces pauvres affligés.

« L'après-dînée il se fit assemblée chez une bonne demoiselle de la ville pour voir quel secours on pourrait leur donner, et chacun se trouva disposé à les aller voir et consoler de ses paroles et aider de son pouvoir. Après les vêpres, je pris un honnête homme, bourgeois de la ville, et nous mîmes de compagnie en chemin d'y aller. Nous rencontrâmes sur le chemin des femmes qui nous devançaient et, un peu plus avant, d'autres qui revenaient. Et comme c'était en été et durant les grandes chaleurs, ces bonnes dames s'asseyaient le long des chemins pour se reposer et rafraîchir. Enfin, mes filles, il y en avait tant que vous eussiez dit des processions. Comme je fus arrivé, je visitai les malades et allai quérir le Saint Sacrement pour ceux qui étaient les plus pressés, non pas à la paroisse du lieu, car ce n'était pas une paroisse, mais cela dépendait d'un chapitre dont j'étais le prieur. Après donc les avoir confessés et communiés, il fut question de voir comment on pourrait secourir leur nécessité. Je proposai à toutes ces bonnes personnes que la charité avait animées à se transporter là, de se cotiser, chacun une journée, pour faire le pot, non seulement pour ceux-là, mais pour ceux qui viendraient après; et c'est le premier lieu où la charité a été établie [1]. »

Peu à peu, à Châtillon, il fallut bien organiser la charité pour éviter que les provisions ne s'accumulent chez les uns au détriment des autres qui manquaient de tout; il fallut bien, après avoir organisé les dons, organiser les donateurs. A cette occasion, Vincent de Paul dut improviser, et en voyant le règlement qu'il rédigea à l'intention des paroissiens charitables dont il organise la répartition, on est surpris et ému de l'attention avec laquelle il expose chacun des détails de la démarche proposée :

> « Celle qui sera de jour apprêtera le dîner, le portera aux malades, en les abordant les saluera gaiement et charitablement, accomodera la tablette sur le lit, mettra une serviette dessus, une gondole[2] et une cuillère et du pain, fera laver les mains aux malades et dira le bénédicite, trempera le potage dans une écuelle et mettra la viande dans un plat, accomodant le tout sur ladite tablette; puis conviera le malade charitablement à manger, pour l'amour de Jésus et de sa Sainte Mère; le tout avec amour, comme si elle avait affaire à son fils, ou plutôt à Dieu, qui impute fait à lui même le bien qu'elle fait aux pauvres. Elle lui dira quel-

1. Saint Vincent de Paul, *Oeuvres*, IX.
2. Une gondole est un vase à boire, sans anses ni pied.

ques petits mots de Notre Seigneur; en ce sentiment tâchera de le réjouir, s'il est fort désolé; lui coupera sa viande; lui versera à boire; et l'ayant mis en train de manger, s'il a quelqu'un auprès de lui, le laissera et en ira trouver un autre pour le traiter en la même sorte, se ressouvenant de commencer toujours par celui qui a quelqu'un avec lui, et de finir par ceux qui sont seuls, afin de pouvoir être près d'eux plus longtemps. »

C'est donc à Châtillon-les-Dombes, où il ne devait séjourner que quelques mois, que Vincent de Paul crée, sans l'avoir prémédité semble-t-il, la première confrérie de la charité.

C. *Chapelain de la France criminelle*

Tandis que Monsieur Vincent vivait selon l'Evangile en pays de Bresse, Madame de Gondi et son mari ne restaient pas inactifs : au terme de multiples démarches, ils obtiennent le retour du fugitif, et les Châtillonnais doivent se résoudre au départ de leur curé. Monsieur Vincent, fin décembre 1617, rejoint la famille de Gondi; il n'y sera plus précepteur mais aumônier général des domaines, ce qui impliquera pour lui la reprise des missions rurales inaugurées à Folleville, et aumônier général des galères royales, ce qui signifiera la rencontre avec la détresse, l'humiliation et la désespérance.

Il reprend sans tarder ses expéditions sacerdotales sur les terres des Gondi; accompagné de quelques prêtres, il s'installe pour quelque temps en une paroisse, prêche, confesse, instruit, installe une confrérie de charité sur le modèle châtillonnais, puis, avec une autre équipe, poursuit sa tâche en un autre secteur. Son succès étonnant tient à son amour exclusif de Dieu, qu'il découvre dans son prochain, en pratiquant à son égard la lettre et l'esprit de l'Evangile : Monsieur Vincent voit Jésus-Christ dans le pauvre, soulignant avec humilité que « lorsqu'il nous arrive de ne pas distinguer très clairement Dieu dans les pauvres, ce n'est point que nous n'aimions pas assez les pauvres, c'est que nous n'aimons pas assez Jésus-Christ ».

En 1618, sur le témoignage de « ses bonnes mœurs, piété et intégrité de vie », il est chargé de l'aumônerie générale des galères, et pourvu d'un brevet d'officier qui lui donne une certaine autorité sur le petit personnel.

La marine de Louis XIII possédait une vingtaine de galères, chacune comptant environ deux cents rameurs, prisonniers barbaresques ou, plus nombreux, condamnés de droit commun, dont la durée de condamnation ne figurait pas sur les registres d'embarquement, de sorte que la peine n'expirait qu'avec le galérien, privé ainsi de toute parcelle d'espérance. Regroupés après leur condamnation dans les principales prisons de France, enchaînés aux murailles par les chevilles et les poignets, exclusivement entretenus de pain sec et d'eau, les forçats étaient acheminés en chaînes d'infamies et mauvais traitements, une fois l'an, vers les bagnes, dont chacun savait qu'aucun, jamais, ne revenait.

La sollicitude de Monsieur Vincent fut étonnante d'efficacité attentive. Il obtient d'abord que les forçats soient transférés dans une prison aux murs secs, qu'ils soient nourris, que la brutalité sadique de leurs gardiens soit contrôlée et que des prêtres en nombre suffisant soient disponibles pour les entendre. Il obtient ensuite la construction d'un hôpital à Marseille – ce qui implique qu'on admettait que les forçats puissent être malades et recevoir des soins – et s'intéresse aux dossiers des condamnés afin que chacun fût exactement libéré à l'expiration de sa peine, changement considérable qui permet d'entretenir l'espoir. Plus tard, quand il aura fondé la congrégation de la Mission, un article fera un devoir aux missionnaires de visiter les bagnes, et Monsieur Vincent aura même l'audace d'inviter ses filles de la charité à rendre visite aux forçats...

Est-il vrai que Monsieur Vincent prit un jour les fers d'un galérien dont les malheurs l'avaient particulièrement touché? Le récit en a été rapporté :

« D'après la sœur Le Laboureur, on disait

à la visitation de Paris que Vincent de Paul, aumônier général des galères, se trouvant à Marseille et rendant souvent visite aux galériens pour les exhorter, en remarqua un jour un fort malade, qui était à la chaîne et que le commis battait rudement; qu'ayant dit au commis d'envoyer ce brave homme à l'hôpital et le commis lui ayant répondu qu'il le ferait s'il voulait prendre sa place, le serviteur de Dieu accepta la condition, se mit dans les fers et y demeura jusqu'à ce que les gens de Madame la générale des galères, qui le cherchaient, l'eussent finalement trouvé dans cet exercice[1]. »

1. In Pierre Coste, *Monsieur Vincent*. Desclée de Brouwer, 1932.

CHAPITRE 7

LES GRANDS ACCOMPLISSEMENTS

« Plus ils seront sales, et malades, et répugnants, et injustes et haineux, plus il te faudra les aimer. Ce n'est que pour ton amour, pour ton amour seul que les pauvres te pardonneront le pain que tu leur donnes. »

Vincent de Paul

A. *Les missions*

De ce que « les choses de Dieu se font d'elles-mêmes » il ne suit pas qu'elles se fassent toutes seules. L'œuvre missionnaire des campagnes entreprise naguère à Folleville et poursuivie à Châtillon-les-Dombes puis dans les terres de Gondi, en Picardie, passionne Vincent. Mais peut-il continuer à ne compter que sur lui-même et sur les quelques compagnons qui délaissent leurs occupations ordinaires pour l'accompagner dans ses prédications?

Pourtant, lorsque la famille de Gondi lui propose en 1624 de consacrer 45 000 livres à l'établissement d'une mission permanente pour les 8 000 paysans de ses domaines, Monsieur Vincent offre d'abord ce capital à tous les établissements religieux de sa connaissance, qu'il suppose mieux armés pour organiser la mission; or tous se dérobent, en prétextant de leurs charges ou de leur vocation particulière. Monsieur Vincent se résout alors à laisser « les affaires de Dieu se faire d'elles-mêmes » et, le 17 avril 1625, il s'installe au Collège des Bons Enfants, situé sur la colline Sainte-Geneviève, avec quelques compagnons : Antoine Portail du diocèse d'Arles, jeune prêtre qui assistait Vincent auprès des forçats, François du Coudray et Jean de la Salle.

Ainsi fut fondée la Congrégation de la Mission, constituée de « quelques ecclésiastiques de doctrine, piété et capacité connues, qui voulurent renoncer tant aux conditions des villes qu'à tous bénéfices, charges et dignités de l'Eglise, pour, sous le bon plaisir des prélats, chacun en l'étendue de son diocèse, s'appliquer entièrement et purement au salut du pauvre peuple, allant de village en village, aux dépens de leur bourse commune, prêcher, instruire, exhorter et catéchiser ces pauvres gens et de les porter à faire tous une bonne confession générale de toute leur vie passée, sans en prendre aucune rétribution en quelque sorte ou en quelque manière que ce soit, afin de distribuer gratuitement les dons qu'ils ont reçu de la main libérale de Dieu ».

En 1632, le prieur de Saint-Lazare voulut faire don de son prieuré devenu sans emploi à la jeune congrégation des Missions. Le prieuré Saint-Lazare lès Paris, qui avant d'être léproserie fut une des premières seigneuries ecclesiastiques du royaume, occupait encore une centaine d'hectares, immense domaine formé de nombreuses habitations que séparaient de beaux jardins ainsi que de grands champs de blé et d'avoine dominés par des colombiers et des moulins à vent [1].

Cette offre surprend, et sans doute effraie Monsieur Vincent :

> « Nous sommes de pauvres prêtres, nous vivons dans la simplicité, toute notre ambition est de servir les pauvres gens des champs... Nous venons de naître et nous ne sommes qu'une poignée... Nous n'aimons ni le bruit, ni l'éclat... Je vous conseille de penser à d'autres qu'à nous. »

Pourtant, l'installation de Vincent et des premiers prêtres à Saint-Lazare constituera un fait capital : pour donner à chacun son pain quotidien, il va administrer Saint-Lazare comme un paysan. Les greniers de Saint-Lazare devront abonder en grains parce qu'il faut « le prêter avec usure au bon Dieu, en faisant aumône aux pauvres... »

Les Missions se sont développées avec une étonnante rapidité. Les prêtres de la Mission, dénommés Lazaristes, commencèrent par ne

1. Le prieuré Saint Lazare, disparu à la Révolution, représentait la surface occupée plus tard par la prison Saint-Lazare, l'hôpital Saint-Vincent-de-Paul, la gare du Nord et l'hôpital Lariboisière.

travailler que sur les terres des Gondi pour finir par tisser dans tout le royaume un réseau spirituel : de 1625 à 1660, la maison mère de Saint-Lazare fournit 840 missions, et l'effectif des missionnaires atteignit jusqu'à cent trente et un prêtres assistés de cinquante-deux coadjuteurs. Chaque fois qu'un prêtre était envoyé dans une ville, les habitants de la ville voisine réclamaient à leur tour un missionnaire : en Picardie puis en Normandie, en Bretagne, en Provence et en Languedoc, en Aquitaine et en Limousin, mais aussi en Pays protestants, en Aunis et Poitou, en Comté, elles se développaient comme une invasion évangélique.

« Nous devons faire une moisson plus vaste, toujours plus vaste! » Des missionnaires sont envoyés en Italie puis en Ecosse, d'autres en Pologne, à la demande de la reine Louise Marie de Gonzague, une autre mission à Madagascar pour répondre à la société des Indes, d'autres encore à Tunis et à Alger...

Toujours pourtant, il s'agit « d'aller de village en village, prêcher la bonne parole ». Les missionnaires sont faits pour parler, et sont préparés à agir avec la plus grande simplicité. Venus en modestes appareils, ils cherchaient gîte en pauvres logis et commençaient immédiatement leur enseignement, ne repartant qu'après être parvenus à ranimer des paroisses éteintes ou somnolentes. Monsieur Vincent insistait pour que le langage soit simple, imagé, direct et convaincant, ce qui excluait les « vocables de séminaire », les bouillons de culture greco-latine et sans doute ce qu'on appelle aujourd'hui la « langue de bois » :

« Les apôtres, comment prêchaient-ils? Tout bonnement, familièrement et simplement. Et voilà notre manière de prêcher : avec un discours commun, tout bonnement, dans la simplicité, familièrement. Il faut, Messieurs, pour prêcher en apôtre, c'est-à-dire pour bien prêcher et utilement, il faut y aller dans la simplicité, avec un discours familier, de sorte qu'un chacun puisse entendre et en faire son profit. Voilà comme prêchaient les disciples et les apôtres, voilà comme prêchait Jésus-Christ; et c'est une grande faveur que Dieu a faite à cette chétive et misérable compagnie, que nous ayons le bonheur de l'imiter en cela.

« Il faut avouer, Messieurs, que partout ailleurs on ne garde pas cette méthode; la grande perversité du monde a contraint les prédicateurs, pour leur débiter l'utile avec l'agréable, de se servir de belles paroles et de conceptions subtiles, et d'employer tout ce que peut suggérer l'éloquence, afin de contenter en quelque façon, et d'arrêter comme ils peuvent la méchanceté du monde. Mais, ô Sauveur, à quoi bon ce faste de rhétorique? Qu'avance-t-on par là? Eh! cela se voit; si ce n'est peut-être qu'on veuille se prêcher soi-même. C'est donc à la petite

> compagnie, préférablement aux autres, à qui Dieu, par sa miséricorde, a voulu s'adresser, pour lui donner sa méthode. Cette méthode vient de Dieu; les hommes n'y peuvent rien et les effets nous font voir que c'est Dieu [1]. »

En bref, il s'agit de parler aux hommes pour le bien de ceux qui écoutent, et non pour la vanité d'un applaudissement.

B. *L'incendie de charité*

C'est à Châtillon-les-Dombes, sans avoir été le moins du monde préméditée, que naquit la première charité, à l'initiative de quelques personnes s'étant réunies pour répondre à une détresse précise. En diverses et comparables circonstances, Monsieur Vincent favorisa semblables créations de charité. Ainsi, lorsque que Madame Goussault lui signale l'anarchie du fonctionnement de l'Hôtel-Dieu de Paris, dans lequel les malades sont honteusement négligés, il utilise l'émotion apitoyée d'un groupe de dames de la noblesse et de la bourgeoisie qui proposent leurs services, et à leur demande, il crée une compagnie des Dames de la Charité de l'Hôtel-Dieu. Les compagnies vont se multiplier, associant les grandes familles auxquelles Vincent s'efforçait de faire partager l'essence même de la

1. Vincent de Paul, *Conférences aux prêtres de la Mission.*

charité qui se sent concernée par toutes les formes de misère.

Un jour, en 1638, ayant rencontré un mendiant qui déformait les membres d'un malheureux enfant dont il se servait pour exciter la compassion publique, Vincent le lui arracha des mains, l'emporta dans ses bras et se précipita à la Maison de la Couche, où il savait qu'étaient rassemblés les malheureux infortunés. La découverte de la misère d'exploitation de la Maison de la Couche, qui ne disposait que d'une veuve assistée d'une servante pour tout personnel, puis l'enquête qu'il fait mener par les Dames de la Charité sur le sort des quelques centaines d'enfants abandonnés chaque année, vont l'entraîner dans une œuvre nouvelle, les Enfants-Trouvés, œuvre qu'il aura de grandes difficultés à soutenir, tellement sont puissants les préjugés contre les orphelins. Il faudra toute sa chaleureuse éloquence pour convaincre les Dames de la Charité de participer à cette œuvre et de la soutenir [1].

C'est sans doute cette œuvre qui permet le mieux de mesurer la profondeur et la délicatesse de son amour, à travers le règlement qu'il a rédigé pour les Enfants-Trouvés, et qu'il a su appliquer aux plus petits détails de la vie matérielle :

1. Vincent de Paul. Pour demander la grâce d'être mère auprès des enfants trouvés. In *Prières de Monsieur Vincent*, A. Dodin. Desclée de Brouwer, 1982.

> « Il pense aux potages mitonnés des tout-petits; il prévoit le pain et les friandises qui assureront le goûter des enfants de cinq ans; il envisage les châtiments parfois nécessaires - le plus terrible étant d'avoir l'air sévère -; il recommande que les enfants apprennent - dès cinq ans - à lire et à écrire et il recommande qu'on les instruise des matières les plus importantes; il indique l'âge de douze ans comme celui où ils peuvent être mis en apprentissage, de manière à devenir de bons ouvriers... C'est un père au cœur maternel qui a rédigé ce règlement [1]. »

Quels que soient la bonne volonté, l'enthousiasme et le dévouement des Dames de la Charité, elles sont plus efficaces pour collecter les ressources que pour assumer les indispensables tâches ingrates, dont elles sont souvent tentées d'abandonner l'exécution à leurs servantes. Or il convient d'emprunter les escaliers en colimaçon des taudis, de visiter les mansardes, d'aller, par des venelles empuanties, traquer la misère là où elle se trouve, faire les saignées et administrer les lavements, panser les plaies, veiller les malades qui sont seuls et ceux qui s'acheminent vers la mort. La bonne volonté ne peut suffire à pareille ouvrage, ni même l'enthousiasme, ou la charité; il faut l'abnégation et l'assiduité d'une vocation.

1. Louis Chaigne, *Saint Vincent de Paul.* Mame, 1960.

C'est sans doute en 1630 que Vincent accueillit Marguerite Naceau, jeune paysanne de Suresnes qui se tourna vers lui parce qu'elle avait entendu dire qu'il existait une confrérie pour les pauvres malades, et qu'elle souhaitait y être employée. Monsieur Vincent aime-t-il les malheureux? Elle aussi; elle est prête à tout faire, préparer un bouillon, poser un pansement, nettoyer un galetas, débarbouiller un petit. Elle fera son possible; on n'aura qu'à lui montrer comment il faut faire, lui commander. Elle pense que cela ira et Monsieur Vincent lui causerait de la joie s'il voulait la prendre à l'essai...

De la joie! Monsieur Vincent est bouleversé de reconnaissance. Vite, d'autres jeunes paysannes la rejoignent, point de départ de la société charitable qui deviendra, en 1633, la Compagnie des Filles de la Charité, plus connue aujourd'hui sous le nom de Sœurs de Saint Vincent de Paul, qui jouissent d'une universelle affection, éparpillées à travers le monde dans les hôpitaux, les crèches, les prisons, les écoles, les asiles et les orphelinats [1].

En 1633, Monsieur Vincent demande à Louise de Marillac, une jeune veuve dont il assure la direction de conscience depuis dix ans, d'as-

1. On estime approximativement à six cent mille les sœurs de Saint Vincent de Paul depuis 1630. La présente génération comporte 42 000 sœurs!

sumer la formation et la direction des Filles de la Charité qui, selon lui « n'auront pas d'autres monastères que la maison des pauvres, pas d'autres cellules qu'une chambre de louage, pas d'autre chapelle que l'église paroissiale, pas d'autre clôture que l'obéissance, pas d'autre grille que la crainte de Dieu, pas d'autre voile que la Sainte modestie », et dont l'engagement, par promesse privée, n'est valable que pour un an.

Au début rien ne les distingue des femmes de simple condition mais, à la longue, un costume leur fut imposé, avec la fameuse cornette amidonnée qui les rend si aisément reconnaissables. Institutrices, infirmières, servantes affectées aux plus humbles besognes, les Sœurs de la Charité étaient libres. Elles pouvaient aller et venir dans les rues, entrer dans les maisons, se mêler à la foule. Elles étaient séculières, et devaient comme telles vivre dans le siècle.

> « Laissez là la grandeur des religieuses; estimez les beaucoup et n'en cherchez pas la fréquentation; la communication de leur esprit particulier ne nous est pas propre... Ce n'est pas la religion qui fait les saints, c'est le soin que les personnes qui y sont prennent à se perfectionner. »

On écrira d'elles : « Il n'est point besogne si répugnante ni pénible qui ne trouve pour la remplir les mains des filles de Monsieur Vincent. » On s'efface dans les rues devant les Sœurs porteuses de « pot » pour malades à domicile. On se tait, aux faubourgs et dans les quartiers les plus crapuleux, en présence des Saintes Filles dont le mérite tient en respect les pires truands. Vincent lui-même, dans une conférence sur les vertus villageoises, laisse percer son émotion :

> « Les filles des champs ont une grande pureté... elles ne savent pas ce que c'est d'être cajolées. Viennent-elles de leur travail à la maison pour prendre un repas, lassées et fatiguées, toutes mouillées et crottées, aussitôt, elles s'en retournent sans s'arrêter à leur lassitude, ni à leurs crottes, et sans regarder comme elles sont agencées... [1]. »

En fait ce ne fut pas une affaire simple que de former ainsi des communautés ouvertes sur le monde en évitant l'hostilité du clergé, de la noblesse et de la magistrature, alarmés par cette nouveauté. Avec patience et obstination, Monsieur Vincent contournera les difficultés de l'entreprise. Il dira un jour, peut être avec ironie :

> « Cela s'est fait sans que personne en eût dessein... Mes filles, Dieu vous a assemblées lui-même, d'une manière toute pleine de

1. Marthe de Fels, in *Quatre messieurs de France*. Flammarion, 1976.

mystères et si excellente que personne au monde n'y a jamais trouvé rien à redire. Je cherche encore un homme qui dira : cela n'est pas bien. »

C. *La réforme du clergé*

Vincent de Paul, si passionnément attaché à l'œuvre des Missions, ne pouvait rester indifférent aux moyens de préparer à la population de dignes prêtres. Il a raconté dans son abondante correspondance comme il revenait « meurtri » de ses tournées rurales, pour avoir vu officier avec « tant de désinvolture ». En fait, le clergé du XVIIe siècle n'est pas toujours « ivrogne et impudique », comme le déplorait un évêque, mais il est souvent inculte – beaucoup de prêtres ignorent les formules sacramentelles – et respecte peu l'obligation de résidence, beaucoup de curés ou de titulaires de bénéfices ecclésiastiques se satisfaisant de percevoir les revenus liés à leur charge, et se faisant remplacer par de pauvres desservants. D'une manière générale, la formation de l'ensemble des élèves laissait à désirer, et souvent les curés illettrés de village se contentaient d'injurier en chaire les fidèles.

Pour Vincent de Paul, « le caractère des prêtres est une participation du sacerdoce du fils de Dieu, qui leur a donné le pouvoir de sacrifier son propre corps et de le donner en viande, afin que ceux qui en mangeront vivent éternellement. C'est un caractère tout divin et incomparable, une puissance sur le corps de Jésus-Christ que les anges admirent, et un pouvoir de remettre les péchés des hommes, qui est pour eux un grand sujet d'étonnement et de reconnaissance. Y a-t-il rien de plus grand et de plus admirable? »

Pour ramener des âmes à Dieu, il faut de bons prêtres dans les paroisses de France, il faut « rendre meilleurs les ecclésiastiques » et réhabiliter le sacerdoce. C'est avec l'évêque de Beauvais, Pothier de Gesvres, qu'il eut l'idée, sans doute en 1628, d'une retraite spirituelle de quelques jours précédant l'ordination, les exercices des ordinands. Vincent, à la demande de Pothier rédigea des entretiens destinés aux ordinands qui furent remis aux prédicateurs [1].

A partir de 1631, des ordinands furent régulièrement accueillis à Paris, soit aux Bons-Enfants, soit à Saint-Lazare, et l'archevêque, qui jugea essentiel ce mode de formation, finit par en imposer l'obligation. Jamais on ne tenta de porter atteinte à la liberté des retraitants en cherchant à les engager préférentiellement dans les Missions; « à Dieu ne plaise, disait Monsieur Vincent, que mes chétives

1. Pierre Coste. *Œuvres complètes de Saint Vincent de Paul*, 1925. Ed. Spes.

pensées prévalent sur celles des autres ». Parfois pourtant, on peut imaginer que le respect des volontés de Dieu et du libre arbitre des ordinants était chose délicate. Vincent raconte :

> « Il me vint qu'un des beaux esprits du siècle, et qui était avocat du Conseil, me consulta sur sa vocation; il était combattu du désir de se faire chartreux ou missionnaire; je me sentais chatouillé; néanmoins Dieu me fit la grâce de ne lui parler jamais de se faire missionnaire. Il est allé aux Chartreux. Quoi! lui disais-je, Dieu vous appelle aux Chartreux, allez, Monsieur, où Dieu vous appelle. Cela n'empêchait pas que je me sentisse chatouillé; mais je lui disais toujours : Allez Monsieur, où Dieu vous appelle. »

A partir de 1633, des conférences du mardi complétèrent les retraites spirituelles. Elles ne concernaient qu'une élite désireuse d'une formation spirituelle et théologique plus approfondie. Plus de vingt-deux futurs évêques y participèrent, parmi lesquels Bossuet, qui en fut l'un des plus éminents bénéficiaires, subit l'ascendant et le charme de Monsieur Vincent :

> « Elevés au sacerdoce, nous fûmes associés à cette compagnie de pieux ecclésiastiques qui se réunissaient chaque semaine sous la direction de Vincent de Paul. Il en était le

fondateur et l'âme. Nous l'écoutions avec avidité, sentant bien que se réalisait en lui ce mot de l'apôtre : si quelqu'un parle, que ses paroles soient comme les paroles de Dieu. »

CHAPITRE 8

LE MANDATAIRE DU CONSEIL DE CONSCIENCE

« En perdant Monsieur Vincent, l'Eglise et les pauvres perdent tout. »

Anne d'Autriche

A. *Le maroufle en soutane*

Richelieu, comme évêque de Luçon, avait été attentif aux devoirs de sa charge et, pour tout dire, irréprochable dans l'administration de cet évêché qu'il avait décrit comme le « plus crotté de France ». Premier ministre par la volonté de Louis XIII à partir de 1624, il s'est montré très exigeant sur la capacité et la tenue de l'épiscopat français, plus attentif que ne le seront ses successeurs à ne pas distribuer les évêchés comme autant de prébendes destinées aux fils cadets des grandes familles. A plusieurs reprises, informé des conférences spirituelles du mardi de Monsieur Vincent et soucieux d'y recruter des « épiscopables », il s'était entretenu avec lui – qu'il savait libre de tout esprit partisan – de l'opportunité de telle ou telle désignation.

En 1638, le ministre convoque Monsieur Vincent et requiert son soutien dans le procès intenté à l'abbé de Saint-Cyran qu'il a fait interner au château de Vincennes. Saint-Cyran n'en sera libéré qu'en février 1643, peu après la mort du cardinal. Personnage très controversé, d'un pessimisme absolu, il fut le principal inspirateur du jansénisme français et du mouvement de Port-Royal. Lié d'amitié avec le flamand Jansenius, nourri de patristique, il commence par dénoncer les excès du fonctionnement ecclésial et l'influence excessive des jésuites puis, franchissant rapidement les étapes, condamne l'Eglise « qui est morte depuis cinq ou six siècles, et si elle n'est morte est du moins répudiée pour adultère, de sorte que c'est desservir Jésus-Christ que de la servir ».

Pour Vincent de Paul, qui avait amicalement fréquenté Saint-Cyran, ces excès étaient bien sûr condamnables et, à diverses reprises, il s'était alarmé auprès de lui de ses propos outranciers qui frôlaient l'hérésie, lui représentant notamment les dangers qu'il encourrait et, plus gravement, qu'il faisait encourir à la Foi. Mais les excès de Saint-Cyran ne peuvent lui faire oublier son zèle religieux, non plus que sa louable volonté de réforme. Traité d'ignorant par Saint-Cyran, il ne se départit pas de son humilité, mais précise avec fermeté sa position face au jansénisme :

> « Vous me dites... que Jansenius a lu dix fois toutes les œuvres de Saint Augustin et trente fois les traités de la grâce, et qu'il n'y a pas d'apparence que les missionnaires se

mêlent de juger des opinions de ce grand homme.

« Je réponds à cela, Monsieur, que d'ordinaire ceux qui veulent établir de nouvelles doctrines sont hommes forts savants, et qu'ils étudient avec grande assiduité et application les auteurs dont ils veulent se servir; qu'il faut avouer que ce prélat était fort savant, et qu'ayant le dessein que j'ai dit de désaccréditer les jésuites, il a pu lire Saint Augustin le nombre de fois que vous me dites; mais cela n'empêche pas qu'il ne soit tombé dans l'erreur et que nous ne serions pas excusables d'adhérer à ses opinions, qui sont contraires aux censures qui ont été faites contre sa doctrine. Les prêtres ont obligation de ne pas adhérer et de contredire la doctrine de Calvin et des autres hérésiarques, quoiqu'ils n'aient jamais lu les auteurs sur lesquels ils se sont fondés, non pas même ses livres. »

Cependant, ayant condamné avec sa tranquille et benoîte fermeté les thèses de Saint-Cyran, Monsieur Vincent se refuse à charger l'inculpé, ne répond pas aux questions du procureur Lanbardemont, sous le prétexte « qu'un juge laïque ne pouvait entendre un prêtre dans une affaire touchant à la religion », et convoqué par Richelieu, lui confirme sereinement qu'il n'a pas vocation de témoin à charge.

Quelle que fût l'irritation du ministre tout puissant, il dut être sensible – lui qui connaissait et utilisait si bien les hommes – à la dignité du prêtre. En tous cas, il ne lui tint pas rigueur de sa réserve et, en 1642, l'encouragea vivement dans le développement des retraites pour ordinands, le pressant même de multiplier les séminaires de formation pour futurs prêtres.

C'est d'ailleurs sans doute le cardinal qui présentera Monsieur Vincent au roi Louis XIII et à la reine Anne d'Autriche, auprès de laquelle il se rendra indispensable. Lorsque, le 14 mai 1643, Louis XIII meurt, cinq mois après son ministre, la reine remet son âme entre les mains de Monsieur Vincent et le supplie de « la guider dans son désir d'aimer et de servir Dieu ».

Son rôle allait prendre une très grande importance lorsqu'ayant institué un Conseil de Conscience chargé d'examiner toutes les affaires du royaume touchant à la religion – Conseil placé sous la direction de Mazarin, premier ministre – elle en confia la charge principale à Vincent de Paul. Cette promotion étonnante ne changea rien aux habitudes ni aux attitudes de Monsieur Vincent. Lorsque la reine lui faisait observer qu'il pourrait pour venir à la Cour, faire de menus frais, sa soutane étant toute décolorée, il répondait avec le sourire : « Madame, elle n'a ni trous, ni taches. »

Mazarin est déconcerté par l'autorité du simple prêtre dont il a bien remarqué que « Monsieur Vincent est le canal par qui tout arrive aux oreilles de sa Majesté », et il s'inquiète des agissements de celui qu'il surnomme « le maroufle en soutane » : il exigera à plusieurs reprises – sans succès – de la reine qu'elle le renvoie.

Nonobstant cette méfiance et cette hostilité, Vincent de Paul se comporte en réformateur vigilant, rigoureux même, chaque fois qu'il lui paraît que de graves intérêts religieux sont en cause. Souvent il s'oppose au ministre attentif aux intérêts de sa politique et soucieux de s'attacher les principales familles du royaume, le candidat qu'il propose pour un évêché fût-il indigne. « Je tremble, disait Vincent, que ce damnable trafic des évêchés n'attire la malédiction de Dieu sur le Royaume. »

B. *L'universel rayonnement*

Dans les provinces françaises dévastées par la guerre de Trente Ans, qui ne cessera qu'en 1648 (traités de Westphalie), la détresse était affreuse, particulièrement en Lorraine et en Artois, successivement dévastés par les armées impériales et par les troupes royales. A l'initiative de Monsieur Vincent, de véritables croisades de solidarité furent organisées pour secourir les provinces ruinées.

Pourtant la misère gagnait Paris qui, de 1648 à 1652, est de surcroît le principal théâtre de la Fronde des parlementaires, puis de la Fronde des princes. Les charités ont beau se multiplier, le nombre des miséreux s'accroît et les mendiants forment de redoutables bandes qui parcourent la capitale, rançonnent groupes et particuliers, terrorisent bourgeois et artisans. Monsieur Vincent, malgré l'influence qu'il exerce sur la reine, ne peut s'opposer au décret de 1656 par lequel le roi, poussé par le Parlement, interdit la mendicité, ordonne l'hospitalisation – y compris autoritaire – des malades, prescrit l'internement – autrement dit l'emprisonnement! – des mendiants et l'éloignement de Paris – c'est-à-dire l'expulsion et l'interdiction de séjour! – de la gent vagabonde.

Une fois encore, la répression l'emportait sur la compassion. Monsieur Vincent, obligé de se conformer à l'ordonnance légale proscrivant la mendicité, dut renoncer aux aumônes traditionnelles à Saint-Lazare, jusqu'à ce qu'il s'avise de substituer les distributions de nourriture aux aumônes... Or l'ordonnance royale n'interdisait que les dons en argent! Pourtant, malgré l'insistance de la reine et la pression de l'archevêque, Monsieur Vincent refuse la direction de « l'hôpital général » dans lequel on prévoit d'enfermer les milliers de mendiants parisiens : cette manière de résoudre la misère n'est pas la sienne. Il avait proposé une autre solution lente, progressive, qui méritait un long et durable effort fondé sur la persuasion et la charité : il voulait qu'on se mît, en esprit, à la place des mendiants, et que ceux-ci fussent peu à peu introduits dans un cadre de travail normal.

En 1656, Monsieur Vincent a soixante-quinze ans. D'année en année, depuis la première mission de charité à Châtillon-les-Dombes, en 1617, le cumul de ses œuvres n'a cessé de devenir plus impressionnant : les confréries de Charité se sont multipliées; les missionnaires « Lazaristes » et les Filles de la Charité se sont établis dans presque toutes les régions de France et, déjà, à l'étranger; le séminaire de la Mission est régulièrement institué à Paris, mais aussi à Cahors, Carcassonne, Beauvais, Luçon, Poitiers; l'Aumônerie générale des galères s'est attachée à une œuvre de réforme générale des prisons et d'assistance aux prisonniers, et d'autres œuvres ont été progressivement consacrées à l'enfance délinquante, aux orphelins, aux jeunes filles perdues, aux hôpitaux, aux vieillards abandonnés... Il semble qu'aucune catégorie d'affligés n'ait échappé au cœur de Monsieur Vincent et à sa sollicitude. Et chaque fois, il mobilise les Dames de la Charité, réunit avec elles les considérables ressources nécessaires, puis fonde les structures de l'œuvre nouvelle, réglemente, organise, sans jamais, semble-t-il, avoir rien oublié, ni personne.

Sa popularité était immense à Paris sans qu'il s'en rendît compte, tellement absorbé qu'il était par le souci des autres, et considérable dans les provinces et les pays proches, d'où chaque jour parvenaient lettres, demandes de conseils ou d'arbitrages, appels de détresse. « C'est Dieu qui a tout fait » disait-il. Sans doute cela suffit-il à expliquer l'essor prodigieux de ses œuvres, la chaîne ininterrompue de compassions et de dévouements, et les routes qu'il a ouvertes.

C. *Cela suffit*

On imagine le rythme épuisant d'une vie si remplie. Hors les fréquents déplacements en province pour visiter les missions et prier avec les prêtres ou les Filles de la Charité, son emploi du temps était à peu près invariable : il se levait très tôt, à quatre heures du matin et, après une heure d'oraison, célébrait la messe à cinq heures trente, puis travaillait – visites, sorties, gestion des affaires courantes et correspondance – jusqu'à dix heures et demie; après un rapide déjeuner et une récréation d'une heure, travail à nouveau, puis offices de l'après-midi et exercices spirituels, souper et coucher à neuf heures.

Malgré ce rythme épuisant, soutenu pendant cinquante ans, Monsieur Vincent n'avait pas connu de graves accidents de santé. Pourtant, à partir de 1650, l'usure d'un organisme peu ménagé se fait sentir, parfois douloureusement : il a des abcès à l'œil, souffre de maux de tête presque permanents, et sur ses jambes des ulcères se développent, qui peu à peu lui rendent les déplacements de plus en plus malaisés. Au début de l'été 1660, il lui devient impossible de quitter sa chambre de Saint-Lazare, où il continue de travailler, et la rumeur se répand de sa mort prochaine : de toutes parts, des messages et des lettres expriment au malade des vœux de guérison; de tous les coins de France et d'Europe sont adressés des remèdes, supposés apaiser ses souffrances. Le 27 septembre 1660, Monsieur Vincent, dans sa quatre-vingtième année, meurt.

André Frossard a raconté ses derniers jours :

> « Il avait dû cesser depuis peu de dire la messe, dont toute sa vie il avait aimé prononcer les paroles. Les bons pères lazaristes l'entouraient, et l'affection inspirait à chacun une oraison, une prière, dont il répétait après eux les mots avec une bonne volonté touchante, et une voix de plus en plus faible. Il y eut l'interrogatoire traditionnel sur la foi et le pardon des offenses (on sait qu'il répondit : « Jamais personne ne m'a offensé »), puis l'extrême-onction, des litanies et des miserere, et ses bons pères qui découvraient encore une prière oubliée, comme on trouve toujours quel-

que chose à rajouter dans une valise, ou dans les poches d'un voyageur au moment des adieux : « Cela suffit », murmura-t-il. Le dernier mot que ses lèvres expirantes aient distinctement prononcé fut le nom de Jésus. »

Une page d'Amour et d'humilité se tourne. Pour Vincent de Paul, aimer Dieu, ce n'était pas pousser des soupirs dans la prière plus ou moins narcissique. Aimer Dieu c'était faire sa volonté, servir les pauvres, quitter la prière et même la messe pour aller assister les malades; c'était là quitter Dieu pour le retrouver. Cet amour il faut le défendre, surtout contre l'orgueil qui s'installe à la place de Dieu.

L'humilité de Vincent est déconcertante. Comment pouvait-il dire avec une totale conviction qu'il était le dernier des misérables, digne du mépris de tous? Peut-être parce qu'il craignait de trouver en lui quelque motif de se regarder avec complaisance, de s'aimer un peu et de dérober à Dieu, et aux hommes, quelque parcelle d'un amour qu'il voulait entier.

L'humilité, sans doute, était une précaution prise pour la défense de l'amour.

ÉPILOGUE

LES INDUSTRIES DE LA COMPASSION

C'est sans doute au XVe siècle qu'est apparue la nécessité d'une répartition entre bons pauvres et mauvais pauvres. Il convient de punir, de réprimer ceux qui pouvant travailler – ou étant supposés capables – se tiennent oiseux, on dirait aujourd'hui oisifs, ou chômeurs. Personne, pas plus qu'aujourd'hui, n'ose vraiment contester les droits sacrés des pauvres à être assistés, mais l'idée se développe qu'il faut réserver une grande sévérité à ceux qui sont pauvres alors qu'on juge qu'ils pourraient ne pas l'être... sans préciser à partir de quels critères.

Au XVIe siècle, le reproche d'oisiveté apparaît progressivement comme le plus important : l'oisiveté est « une peste dangereuse », racine et source de tous les maux de la vie et, de ce fait, plus pernicieuse que le vice même. Ces condamnations se nourrissent de nouvelles idées sur le travail, nécessité pour l'homme parce que, punition du péché originel, il est obéissance à la loi de Dieu. Est-ce à dire que les oisifs, qui désobéissent à la loi divine, méritent plus désapprobation et sanction qu'assistance et compassion? L'idée, dont on peut imaginer qu'elle constitue un alibi commode – en même temps qu'une justification pour les nantis – fait son chemin.

Une loi anglaise de 1547 prévoit que tout homme qui reste trois jours sans travailler sera marqué au fer rouge, puis donné en servitude pour deux ans... la fuite étant punie de mort. Certes, cette loi sera révoquée dès 1550, mais il est avéré que la chasse aux vagabonds n'en fut pas, pour autant, ralentie. En France, la création de bureaux des pauvres, au cours de la première moitié du XVIe siècle, répond sans doute à des préoccupations secourables mais aussi, sûrement, à un souci d'ordre : on souhaite enregistrer les pauvres, et parfois même leur imposer le port d'une marque distinctive, technique récurrente qui jamais n'a été fondée sur une réelle compassion ! Plus tard on avancera – et commencera à appliquer – l'idée que l'on peut déporter les pauvres aux colonies, qui serviraient ainsi à purger la société de ses « mauvaises humeurs ».

Comme il est tentant d'identifier marginalité et criminalité !

Au XVIIe siècle, dans les hôpitaux généraux transformés en centres d'internement des pauvres – certains historiens ont affecté d'y voir la première apparition d'un service public centralisé de la charité – on installe de vastes ateliers, organisés pour que les mauvais pauvres subissent la punition de leur paresse lorsque les bons reçoivent, avec les fruits de leur travail, les moyens du salut. L'édit royal de 1656 justifie clairement les préoccupations d'ordre public par des considérations morales qui reviennent à attribuer au dérèglement des mœurs les progrès du paupérisme et de la mendicité.

Au XVIIIe et surtout au XIXe siècle, les classes laborieuses seront craintes, et volontiers présentées comme dangereuses. Au XVIIe siècle ce sont les populations oisives qui sont redoutées, et singulièrement les mendiants itinérants, soupçonnés de véhiculer dans leur errance tous les péchés du monde, parmi lesquels hérésie, libertinage, pestes contagieuses, et toutes formes de subversion.

Sommes-nous si éloignés de ces craintes aujourd'hui? Dans les pays pauvres, les impressionnants dispositifs répressifs disposés dans les immenses agglomérations surpeuplées sont-ils autre chose qu'une précaution contre les miséreux, dont les rassemblements effraient? Et dans les pays riches d'occident, n'associe-t-on pas volontiers insécurité, pauvreté et marginalité?

Personne, sans doute, n'envisage d'imposer aux pauvres, ou aux chômeurs, le port d'un insigne particulier – qui évoquerait de trop indignes souvenirs – mais ne leur faut-il pas figurer sur des listes et justifier d'inscriptions pour mériter, au terme de longues attentes souvent humiliantes, des secours ou une allocation?

Les sociétés occidentales continuent à véhiculer l'opinion plus ou moins exploitée selon laquelle l'organisation du travail relève d'un monde injuste, mais qu'il convient de l'accepter comme un mal nécessaire, punition du péché, source de rachat en vue de la cité céleste [1]. L'oisiveté est donc critiquable, à la fois sur le plan individuel, puisqu'elle prive de l'effort rédempteur qui « donne un sens à la vie », et sur le plan de la collectivité, puisque le travail est présenté comme un devoir social, dont l'objectif est de permettre la création de richesses [2].

Evoquant récemment ce qu'il appelle justement le conflit de l'exclusion, le premier ministre français interrogeait : « Est-ce qu'on essaie de les [les exclus de l'abondance] faire monter dans le train, ou est-ce qu'on fait donner contre eux la police, et la justice? [3] »

Si l'on considère que la multiplication des exclus est intolérable, on ne peut se résigner au chômage actuel, qui signifie que la foule

1. Cf. Saint Augustin, *La cité de Dieu*.
2. Cf. Adam Smith, *La richesse des Nations*.
3. M. Rocard. Entretien. *Le Monde*, 3 juin 1988.

croissante de ceux qui ne peuvent entrer dans le circuit du travail – et qui finissent par s'y résigner – n'a pas d'autres moyens de s'insérer dans la communauté, avec ses possibilités d'échanges, d'évolution, de relations. Si l'on considère que l'augmentation des demandeurs d'emploi est inscrite dans les tendances des dix prochaines années, peut-on continuer à proclamer que c'est dans le travail que se situe la source de la liberté et de la dignité? Peut-on continuer, au mépris des réalités, à proclamer le droit au travail alors que se distendent les liens entre travail et revenu, travail et reconnaissance?

Adam, chassé du paradis, survit dans les consciences, et la malédiction originelle paraît encore fonder la célébration quasi-liturgique d'un système de relations élaboré au cours du dernier demi-siècle... système social qui se traduit aujourd'hui – dans les pays riches – par l'éviction d'une partie importante d'hommes et de femmes. L'insupportable chômage d'aujourd'hui, condamnation à ne pas travailler, peut devenir l'occasion d'une libération et d'une nouvelle manière d'organiser les relations du travail et du non-travail : l'étranglement des systèmes d'allocations peut devenir l'occasion d'une autre répartition des revenus, comprenant une allocation inconditionnelle [1], qui rendrait la misère impossible

1. Y. Bresson et Philippe Guilhaume, *Le participat*. Ed. Chotard, 1986.

et au-delà de laquelle reparaîtrait le travail rémunéré.

Peut-on transformer une société sans violence et sans répression? Saint Vincent de Paul le croyait, qui pourtant ne put empêcher l'édit royal de 1656. Les tentations répressives sont fortes dans la société contemporaine et beaucoup des ingrédients de la violence sont réunis : ce sont l'exaspération des exclus sans espoir, et l'impatience des jeunes sans avenir; ce sont l'arrogance et les rodomontades des clercs et des élites sans projet, et l'angoisse sourde d'une société sans valeur; ce sont la fragilité d'économies industrielles sans régulation, l'agressive pesanteur des intégrismes contradictoires, l'obsession sécuritaire et la menace des terrorismes.

Bien sûr, il y aura toujours des riches et des pauvres, mais ce n'est pas la pauvreté – notre pauvreté de pays riches – qui est insupportable, c'est la certitude d'être condamné à l'exclusion sociale qui est inadmissible [1]. Si au nom du libéralisme ou du socialisme – l'un et l'autre centenaires – nous refusons que volent en éclats nos traditionnelles définitions du travail, du revenu, de l'emploi, du chômage, si nous ignorons les exclus, si nous oublions les oubliés, c'est la qualité de notre vie intel-

1. J. Wresinski. *Grande pauvreté et précarité.* Rapport au Conseil économique et social. Session des 10 et 11 février 1987.

lectuelle, c'est la vigueur de notre vie spirituelle qu'il faut interroger.

Une partie sans doute de la démarche vincentienne est désormais prise à son compte par la collectivité, mais il subsiste en occident ce qu'on appelle étrangement les « trous du système de protection sociale », et puis la souffrance, la détresse, la désespérance, pour lesquelles la charité de convenance sociale ne suffit pas. La charité de convenance sociale était illustrée au XVIIe siècle par les gravures d'Abraham Bosse, qui présentent des gens honnêtes et distingués assistant à la distribution d'aumônes effectuées par leurs serviteurs à des pauvres respectueux et reconnaissants; elle est illustrée au XXe siècle par les industries d'une compassion largement médiatisée, qui sollicite, pour des causes soigneusement repérées, des populations soigneusement ciblées.

Toutes les formes de compassion sont sans doute bonnes à prendre, et à donner. La charité que pratiquait Saint Vincent de Paul exige plus, et offre plus : elle suppose d'aimer.

BIOGRAPHIE
DE SAINT VINCENT DE PAUL

ANNÉE	VINCENT DE PAUL	ANNÉE	LES ÉVÉNEMENTS	ANNÉE	LES ARTS ET LES LETTRES
1581	Naissance de Vincent de Paul				
		1589	Henri IV promet de conserver la religion catholique		
				1591	François Viète introduit l'usage des lettres en algèbre
		1594	Sacre d'Henri IV à Chartres	1594	Publication de la *Satire ménippée*, ouvrage collectif
1595	Études à Dax, puis à Toulouse			1595	Dernière édition des *Essais* corrigée par Montaigne
1600	Ordination sacerdotale	1600	Mariage d'Henri IV avec Marie de Médicis		
		1601	Naissance du Dauphin (futur Louis XIII)		
1605	Impromptu barbaresque; errances; séjour à Rome			1605	Achèvement du Pont Neuf

				1608	Fondation de Québec par Champlain
1610	Aumônier de la reine Marguerite				
		1610	Assassinat d'Henri IV; Marie de Médicis régente		
1612	Curé de Clichy				
		1614	Soulèvement des Grands contre Concini		
1617	Premier discours « missionnaire » à Folleville, curé de Châtillon-les-Dombes	1617	Coup d'autorité de Louis XIII; exil de la régente; assassinat de Concini		
1619	Aumônier général des Galères				
				1621	Gassendi : 1re description scientifique d'une aurore boréale
1624	Principal du collège des Bons-Enfants	1624	Richelieu devient principal ministre	1624	Salon de Madame de Rambouillet
1625	Contrat de fondation de la congrégation de la mission				

ANNÉE	VINCENT DE PAUL	ANNÉE	LES ÉVÉNEMENTS	ANNÉE	LES ARTS ET LES LETTRES
		1628	Capitulation de La Rochelle		
		1629	Édit de grâce d'Alès	1629	Lemercier entreprend la construction du Palais Royal
		1630	Journée des Dupes		
1631	Retraites des ordinands			1631	1er numéro de la *Gazette* de Théophraste Renaudot
1632	Installation au prieuré de Saint-Lazare				
1633	Début des conférences ecclésiastiques des mardis				
1633	Création de la communauté des filles de la Charité				
1634	Charité de l'Hôtel-Dieu			1634	Première séance de l'Académie Française

		1635	Séguier est désigné chancelier		
1637	Fondation du séminaire de la Mission			1637	Corneille : le triomphe du *Cid*
1638	Œuvre des Enfants trouvés				
		1640	Conquête de l'Artois		
				1641	Descartes : *Les Méditations*
1643	Vincent assiste Louis XIII mourant; entrée au Conseil de Conscience de la Régence	1643	Morts de Richelieu, puis de Louis XIII; Mazarin est nommé principal ministre par la régente Anne d'Autriche	1643	Molière fonde l'illustre théâtre
1646	Extension de la Mission à Gênes, Turin, Alger				
				1647	Vaugelas : *Remarques sur la langue française*
1648	Vincent s'élève contre la thèse du janséniste Arnauld sur la communion	1648 à 1653	Frondes Fin de la guerre de Trente Ans	1649	Descartes : *Traité des passions de l'âme*

ANNÉE	VINCENT DE PAUL	ANNÉE	LES ÉVÉNEMENTS	ANNÉE	LES ARTS ET LES LETTRES
		1650 à 1653	Période de famines et troubles de la misère; révoltes et jacqueries		
1651	La mission s'établit en Pologne				
1653	Vincent sort du Conseil de Conscience				
		1654	Alliance Mazarin-Cromwell contre l'Espagne	1654	Correspondance entre Fermat, Pascal et Huyghens à l'origine du *calcul des probabilités*
1657	Vincent refuse la direction de l'hôpital général où devaient être internés les mendiants de Paris	1657	Édit de prise en charge des pauvres par les hôpitaux	1657	Pascal : fin de la série des *Provinciales*
		1659	Paix avec l'Espagne; Mariage de Louis XIV avec l'infante	1659	Bossuet : *Sermon sur l'éminente dignité des pauvres* Molière : *Les Précieuses Ridicules*
1660	Mort de Vincent le 27 septembre				
1737	Canonisation				

BIBLIOGRAPHIE

Jean Arnold. *Saint Vincent de Paul.* Ed. Apostoliques, 1981.

A. d'Aubigné. *Les mémoires de P. de l'estoile.* T. V., Paris, 1744.

Bossuet. *Œuvres complètes.* Volume XII.

H. Brémond. *Histoire littéraire du sentiment religieux,* Paris, 1916-1933.

H. Busson. *La pensée religieuse française de Charon à Pascal.* Paris, 1933.

J. Calvet. *Saint Vincent de Paul* Paris, 1949, Albin Michel.

J. Calvet. *Louise de Marvillac.* Paris, 1958 Aubin.

L. Chaigne. *Saint Vincent de Paul.* Paris, 1960, Mame.

M. Charlier. *Recherches sur les pauvres et la pauvreté au Moyen Age,* second recueil, 1963-1964.

M.H. Chopard. *Recherches sur les pauvres et la pauvreté au Moyen Age,* quatrième recueil, 1965-1966

P. Coste. *Œuvres complètes de Saint Vincent de Paul.* Paris, 1925, Spes.

P. Coste. *Monsieur Vincent.* Paris, 1932, Desclée de Brouwer.

J. Delumeau. *La peur en Occident.* Paris, 1979, Fayard.

A. Dodin. *En prière avec Monsieur Vincent.* Paris, 1982, Desclée de Brouwer.

A. Dodin. *Monsieur Vincent.* Paris, 1981, Desclée de Brouwer.

A. Dodin. *L'esprit vincentien.* Paris, 1981, Desclée de Brouwer.

N. du Fail. *Discours d'aucuns propos rustiques.* Lyon, 1547.

M. de Fels. *Quatre messieurs de France.* Paris, 1975, Flammarion.

R. Gascon. Revue *Pauvreté,* T. II, pp. 751-760.

I. Gentillet. *Discours sur les moyens de bien gouverner.* 1576.

SAINT VINCENT DE PAUL

A. Godeau. *Discours sur l'Etablissement de l'hôpital général.* 1657.

P. Goubert. *Louis XIV et vingt millions de Français.* Paris, 1966.

P. Guillaume et Y. Bresson. *Le participat.* Paris, 1986, Editions Chotard.

C. Haton. *Mémoires.* Paris, 1857. F. Bourquelot.

G. Hermant. *Discours chrétiens pour le bureau des pauvres de Beauvais.* 1654.

E. Huguet. *Dictionnaire de la Langue Française du XVIe siècle.* Paris, 1966.

L. Lallemand. *Histoire de la charité.* Paris, 1906.

La Mothe le Vayer. *Œuvres.* Paris, 1585.

La Popellinière. *Les Trois Mondes.* Paris, 1582.

F. Lebrun. *Les hommes et la mort en Anjou au XVIIe et au XVIIIe siècles.* Paris, 1971.

C. Louandre. *De l'alimentation publique sous l'ancienne monarchie.* Magasin de librairie, 1860.

A. Malet et I. Isaac. *XVIIe et XVIIIe siècles.* Paris, 1923.

R. Mandrou. *Introduction à la France Moderne.* Paris, 1961.

R. Mandrou. *La France aux XVIIe et XVIIIe siècles.* Paris, 1974.

M. Mollat. *Les pauvres et la société médiévale.* Paris, 1970, Colloque de Moscou.

M. Mollat. *La notion de pauvreté au Moyen Age.* Paris, 1966, R.H.E.F.

Montaigne. *Les Essais.* Livre II.

A. Paré. *Œuvres.* Ed. de Tartas, p. MLIII.

H. Platelle. *Journal d'un curé de campagne au XVIIe siècle.* Paris, 1965.

T. Platter. *Autobiographie.* Paris, 1964. Cahier des Annales n° 22.

A.M. Puiz. *Pour une histoire de l'alimentation.* Paris, 1970.

Recueil Thoisy. *Mat. ecclésiast.*, T. XXXII, 3e série.

Relation contenant l'état des pauvres jusqu'au mois de décembre 1655. Bibliothèque nationale.

P. Ristelhuber. *Liber vagatorum. Le livre des gueux.* Strasbourg, 1862.

D. Rops. *L'Église des temps classiques* Paris, 1958, Fayard.

St François de Sales. *Introduction à la vie dévote*

G. Roupnel. *La ville et la campagne au XVIIe siècle.* Paris, 1955, 2e ed.

Saint François de Sales. *Introduction à la vie dévote.*

Saint Vincent de Paul. *Œuvres.*

Saint Mattieu. *Evangile.*

AUTRES OUVRAGES DE L'AUTEUR

Les Procédés de L'Homme, Éditions Stock, 1977.

Économie et Société de la Côte d'Ivoire, Éditions Stock, 1978.

Effets Économiques et Sociologiques de la Coopération Française en Afrique, Thèse, 1979.

Mirabeau, Éditions Encre, 1980.

Jules Ferry, Éditions Encre, 1981.

Une Volonté d'Espérance, Éditions Encre, 1983.

La France Somnambule, Éditions France Empire, 1985.

Le Participat (en collaboration avec Y. Bresson), Éditions France Empire, 1986.

Nostradamus, l'Exploitation Séculaire d'un Fonds de Commerce, Éditions RMC, 1987.

Champollion, l'Obstination d'un Surdoué Romantique, Éditions RMC, 1987.

Les Mots et les Hommes, Éditions Economica, 1988.

Cet ouvrage a été réalisé sur
Système Cameron
par la SOCIÉTÉ NOUVELLE FIRMIN-DIDOT
Mesnil-sur-l'Estrée
pour le compte des Éditions RMC
le 14 octobre 1988

Imprimé en France
Dépôt légal : octobre 1988
N° d'édition : 88012 – N° d'impression : 10210